성리학을 비판한 유교의 개혁자

이탁오李卓吾와 조선의 실학

탐구히스토리

성리학을 비판한 유교의 개혁자

이탁오와 조선의 실학

신용철 지음

李卓吾與朝鮮實學

申龍澈

탐구당

저자의 말

16세기 명대 말의 특출한 자유사상가 이탁오는 현대 중국에서 5천년 역사의 문화영웅으로 존경받고 있다. 그래서 그는 학문적인 영역을 넘어 현대의 정치적 이념이나 문학에서도 대중적 인기를 크게 누리고 있다.

한편 일본에서도 메이지 유신의 사상적 선구인 요시다 쇼인吉田松陰의 열정적 숭배와 연구 이래, 근대화는 물론 상상과 문학에서 이탁오는 일반 독자들에게도 대중적으로 많이 알려졌다.

그러나 우리 한국에서는 이탁오 당대에 허균과 같은 혁명적인 추종자가 있었지만, 현대에 이르기까지 그에 대한 관심과 연구는 거의 불모지이었다. 경직된 성리학의 분위기, 일제의 강점기, 사회주의 중국과의 단절 등이 그의 역사적 배경이었다.

학계에서 윤남한, 이가원 교수 등의 탐구적 연구의 시도가 있었으나, 1980년대 민주화시대이래에 와서야 겨우 우리 한국에서 관심과 연구가 정착되기 시작했다. 저자를 포함해서 몇 분의 학위 논문이 나오고, 2005

년 중국어의 『이탁오 평전』과 2004년 『분서』와 2007년 『속분서』가 완역된 것은 그 과정의 큰 전기이었다.

2006년 저자의 이탁오 평전인 『공자의 나라 중국을 뒤흔든 자유인, 이탁오』는 한국 이탁오 연구의 획기적이란 평을 받았다. 왜냐하면 이는 이탁오에 관한 한국어로 쓰인 최초의 전문적 연구서이었기 때문이다.

2009년 한국양명학회가 춘계학술대회를 이탁오와 동아시아의 사상의 주제로 개최하였다. 한국에서 전국적 규모의 학회가 전일적인 주제로 이탁오를 택한 것도 최초로서 그 의미가 컸다.

어려운 환경에서 4판이나 나온 이탁오 저자의 위 저서에서 내용을 될수록 쉽게 쓰려고 했지만, 중국의 사상사이어서 그것이 쉽지는 않았다. 아울러 큰 분량의 책을 읽지 않는 시대적 분위기에서, 468쪽은 너무 많아 더 쉽고 가볍게 써 달라는 해당분야의 지도 교수들의 부탁도 자주 받았다.

그래서 많은 모자람의 부끄러움이나 어려움을 무릅쓰고 다시 이탁오에 대한 이 책을 쓰게 되었다. 지난 저서에서도 시도하였지만, 외래 사상과 문화로서 이탁오의 사상을 현대화하고 한국사상과 문화에 맞도록 이해하고 적응시키도록 노력하였다.

그래서 우선 현대중국에서 이탁오와 그의 사상에 대한 비판적 수용을 다루었다. 이어서 이탁오 당대에 일어난 조선 왕조가 멸망할 수도 있었던 위기인 임진왜란을 겪으면서 중국의 이탁오를 수용한 조선의 선구적인 학자들을 아주 간략하게 시도하였다.

하지만 어려운 학문적인 저서가 아닌 사상과 문화 및 시대사에 관심을 갖는 일반 독자들을 위해 대중이 기피하는 각주를 달지 않았다. 가능하면 그 안에서 출처를 알리는 데 그쳤다.

끝으로 이탁오가 현충사로 이순신을 방문하여 대화하는 역사의 가상假想을 생각可想하는 글을 꽁트로서 써 보았다. 이탁오가 생전에 한번 만나서 마음껏 이야기하고 싶었던 동심童心을 잃지 않은 진정한 성인이고, 그의 역사 인물평의 대저인 『장서』에서 천백세千百世 후에라도 나타나기를 간절하게 바라던 사람이 바로 이순신 같은 위인이었기 때문이다.

장사재에서

저자 드림

이탁오 초상

이지의생가(왼쪽 : 생가관리자, 오른쪽 : 저자)

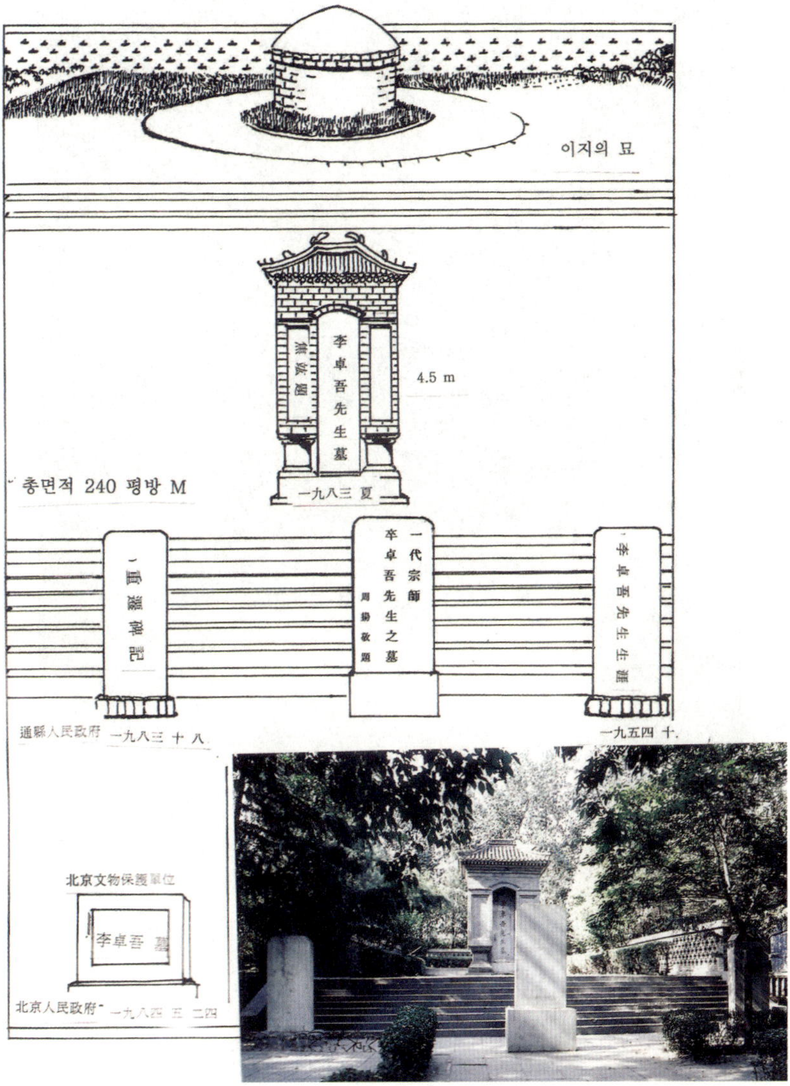
이지의 묘
李卓吾先生墓
焦竑題
4.5 m
총면적 240 평방 M
一九八三 夏
重遷碑記
一代宗師
通縣人民政府 一九八三 十 八
一九五四 十
北京文物保護單位
李卓吾 墓
北京人民政府 一九八四 五 二四

이탁오 묘역과 사진

하남성 이지서원

『이지문집』

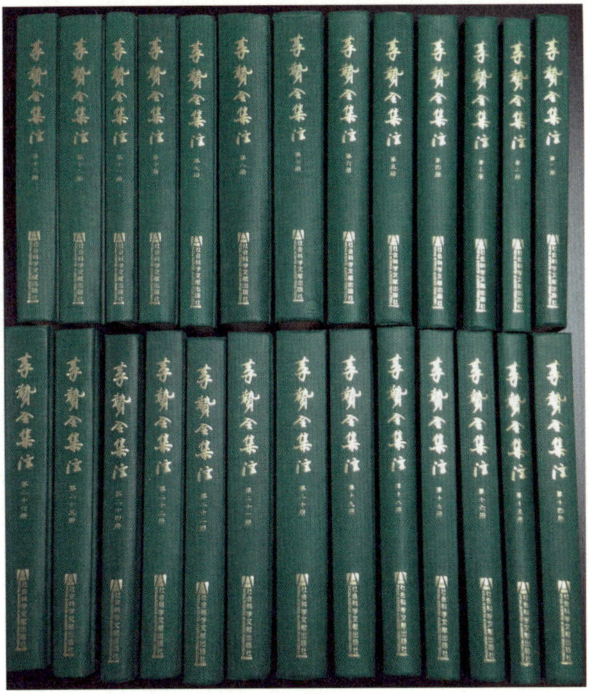

『이지전집주』

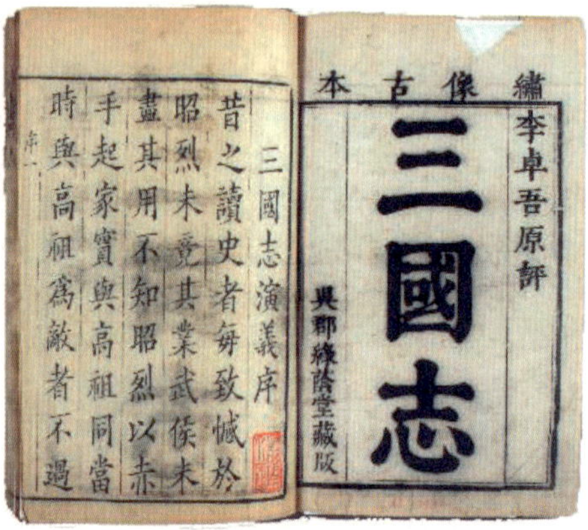

이탁오 평 삼국지

이탁오 평 수호지

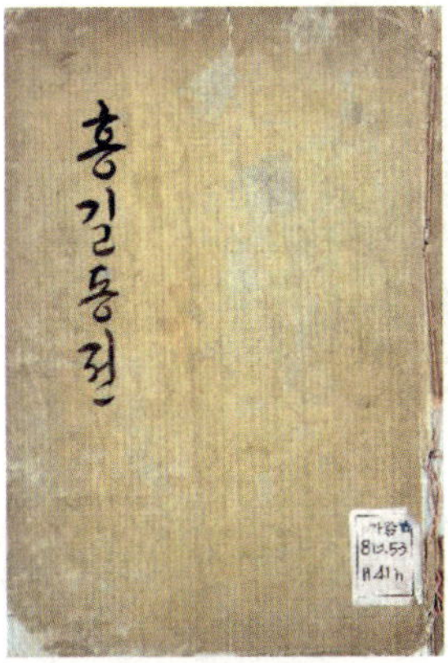

『홍길동전』 표지

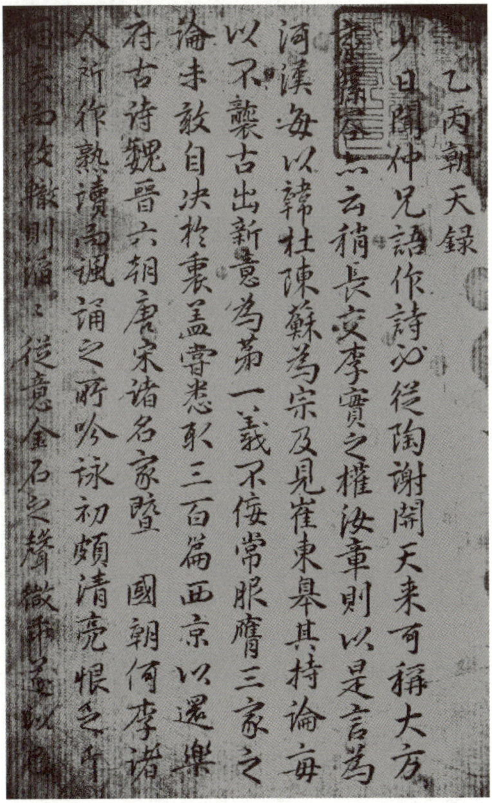
乙丙朝天録
少日聞仲兄語作詩必從陶謝開天來可稱大方
[illegible]云稍長交李實之權汝章則以是言爲
河漢每以韓杜陳蘇爲宗及見崔東臯其持論每
以不襲古出新意爲第一義不佞常服膺三家之
論未敢自決於衷盖嘗悉取三百篇西京以還樂
府古詩魏晉六朝唐宋諸名家暨 國朝何李諸
人所作熟讀而諷誦之所吟詠初頗清亮恨乏千
[illegible]而改轍則滔滔從意金石之聲[illegible]

을병조천록

허균시비

허균 생가

다산의 생가

취안저우 개원사 동탑

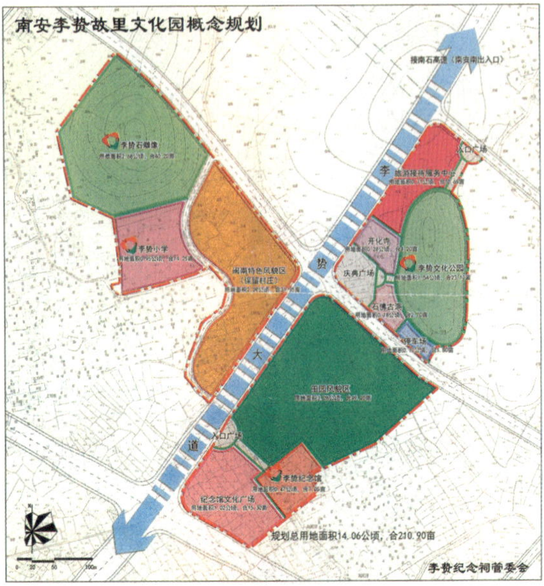

이지의 문화공원 설계도

취안저우 회교사원 청정사

1986년 12월 1일(월요일) 대 학 주 보 제874호 【3】

◇특별기고— 李卓吾와 그의 歷史是非論

신 용 철

"是非근거는 大勢흐름 맞춰야"

그의 비판은 근대이래의 중국에서 「근대사유의 싹」이나 「중국 반봉건 투쟁의 선구자」 등으로 불려져…

화석화된 전통과 인습 개혁한 해방유학자

지배이념 부정은 新이론의 변증법적 접근

대학신문(1986.12.1)

동아일보 제26307호 ㊺ **문화**

중국 명나라 사상가 이탁오 평전 펴낸 신용철 교수

"이탁오는 자신의 사상이 온축된 책의 이름을 '읽고 나서 불태우라'며 '분서(焚書)'라고 지었어요. 또 자신의 방대한 역사평론서는 '읽고 나서는 묻어버리라'며 '장서(藏書)'라고 이름 지었지요. 실제 그가 죽고 난 뒤 명의 신종황제는 '이탁오의 책을 모두 불태우라'고 세 차례나 칙명을 내렸습니다. 그러나 그의 책은 '태우려 해도 태워지지 않고(焚而不焚), 감추려 해도 감춰지지 않는(藏而不藏)' 생명력을 발휘했고, 그가 예견한 것처럼 몇백 년 후 빛을 발하게 됐습니다."

동양 근대 사상의 선구자로 꼽히는 이탁오에 대한 30여 년의 연구 성과를 대중적 문체와 150여 장의 그래픽 자료로 엮어 평전을 펴낸 신용철 경희대 명예교수. 이훈구 기자 ulo@donga.com

공자에 도전한 '동양의 루터' 부활

이탁오의 파란만장한 일생

- 출생: 명나라 때인 1527년 10월 26일 푸젠(福建) 성 취안저우(泉州) 시에서. 어릴때 어머니 여윔.
- 12세 때: 공자를 비웃는 글 '노농노포론'(老農老圃論)을 씀.
- 49세: 말단 관리로 양명학에 빠져들기 시작했으며, 불교에도 심취.
- 50세: 왜 공자를 존경해야 하는지 의문을 제기. "쉰 살 이전에 나는 한 마리 개에 지나지 않았다."
- 54세: 관직을 사퇴하고 계족산(鷄足山)에 들어가 불경 공부에 열중.
- 62세: 수염만 남기고 머리를 깎음. 불당에 공자상(孔子像)을 안치하는 파격적인 행동.
- 63세: 대표작 '분서(焚書)' 간행을 계기로 유교에 대한 무차별 공격 개시.
- 71세: 최대작 '장서' 68권 간행.
- 75세: 병세가 악화된 가운데 탄핵당함. 탄핵 사유는 "법가 사상가들을 재능 있는 명신으로 평가함으로써 역사의 시비를 뒤엎었으며, 진시황제를 매우 추앙하며, 여자들에게 글을 가르치고, 탁문군의 자유연애를 높이 평가했으며, 공자를 모독했음…."
  병상에 누운 채 머리를 깎아 주는 사람에게서 칼을 빼앗아 스스로 목을 찌름. 주위에서 "선생은 왜 자살하시려 합니까"라고 묻자 "70세 늙은이가 무엇을 더 바랄 것이 있겠소"라는 말을 남기고 운명.

최초의 근대적 아시아인으로 꼽히는 중국 명말(明末)의 사상가 탁오 이지(卓吾 李贄·1527~1602)에 대한 국내 학자의 첫 평전이 나왔다. 30여 년간 이탁오 사상을 연구해 온 신용철(69) 경희대 명예교수가 펴낸 '공자의 천하, 중국을 뒤흔든 자유인 이탁오'(지식산업사)이다.

신 교수는 1970년대 독일 하이델베르크대에서 이탁오에 대한 연구로 석사와 박사학위를 받고 국내로 돌아온 뒤 총 25편의 논문을 발표하며 국내의 이탁오 연구를 주도해 왔다.

이탁오는 공자의 가르침에 대한 해석학적 전통(주자학)에 도전장을 내밀며 개개인의 내면적 깨우침이 더욱 중요하다고 강조한 양명학 최대의 이단적 사상가였다.

그는 공자를 '구(丘)라는 이름을 가진 일개인'이라는 뜻으로 구을기(丘乙己)라고 부를 정도로 공자를 역사적 존재로 환원시키며 유불선의 통합적 지식을 꿈꿨다. 결국 이 때문에 이단으로 몰려 감옥에 갇혔고 자신의 사상을 꺾지 않기 위해 75세에 자결했다.

그의 책은 청대에도 금서(禁書)였지만 20세기 초 중국의 근대화를 위해 유교적 전통에서 해방돼야 한다며 '공자의 상점을 타도하자(打孔家店)'를 외쳤던 5·4신문화운동 때 주목받기 시작했다.

그리고 문화혁명 기간에 '린뱌오(林彪·임표)와 공자를 비판하자'는 비림비공(批林批孔)운동의 상징적 존재로 부각되기도 했다.

"이탁오는 이후 중국뿐 아니라 일본과 서구에서도 아시아 근대 사상의 시원으로 연구됩니다. 이탁오는 사상의 자유와 남녀평등의 주창자였기 때문입니다.

> 사상의 자유-남녀평등 주창… 亞 근대 사상의 시원
>
> 30년 넘게 연구… 儒佛仙 모두 수용한 '자유인' 결론

그를 탄핵한 글의 3분의 2는 그의 여성관을 공격한 것이었습니다."

국내의 이탁오 연구는 최근에야 본격화되고 있다. 2004년 이탁오의 '분서'(한길사)가 처음 완역됐고 2005년 중국 학자들이 쓴 '이탁오 평전'(돌베개)이 번역됐다.

신 교수는 이탁오에 대한 책을 내려고 30여 년을 별렀지만 쓸 수 없었다고 한다.

"이탁오의 사상을 하나로 포괄할 수 있는 개념을 못 찾았기 때문입니다. 이제야 찾아낸 그것은 모두를 포용하면서도 무엇에도 구애받지 않은 '자유인'이었습니다. 그가 유불선의 모든 사상을 포용하고 긍정했음에도 당대의 모든 사상가로부터 배격된 것은 오로지 개인과 사상의 자유에 장애가 되는 것을 맹렬히 미워했기 때문입니다."

신 교수의 책은 중국뿐 아니라 일본과 서구의 이탁오 연구성과를 골고루 반영했다. 그러나 전문적 학술서가 아니라 대중적 교양서를 지향했다. 16세기 한중일의 선각자적 동시대인으로 이탁오와 이순신(李舜臣·1545~1598) 장군, 도쿠가와 이에야스(德川家康·1542~1616)를 공동 주인공으로 등장시킨 일본 만화의 내용까지 담았다.

"세계사적 관점에서 본다면 이탁오는 동양의 마르틴 루터였습니다. 신앙의 자유를 주창했던 루터의 종교개혁이 성공한 것이 서양 근대화의 뿌리가 됐지만 이탁오의 사상혁명이 좌절된 동양에서는 그것이 한참 뒤지게 된 것이지요. 따라서 우리의 근대화 문제에 천착하기 위해선 이탁오에 대한 투철한 이해가 필요합니다."

권재현 기자 confetti@donga.com

『동아일보』 이지 관련기사 2006

이지의 삶과 학문의 발자취

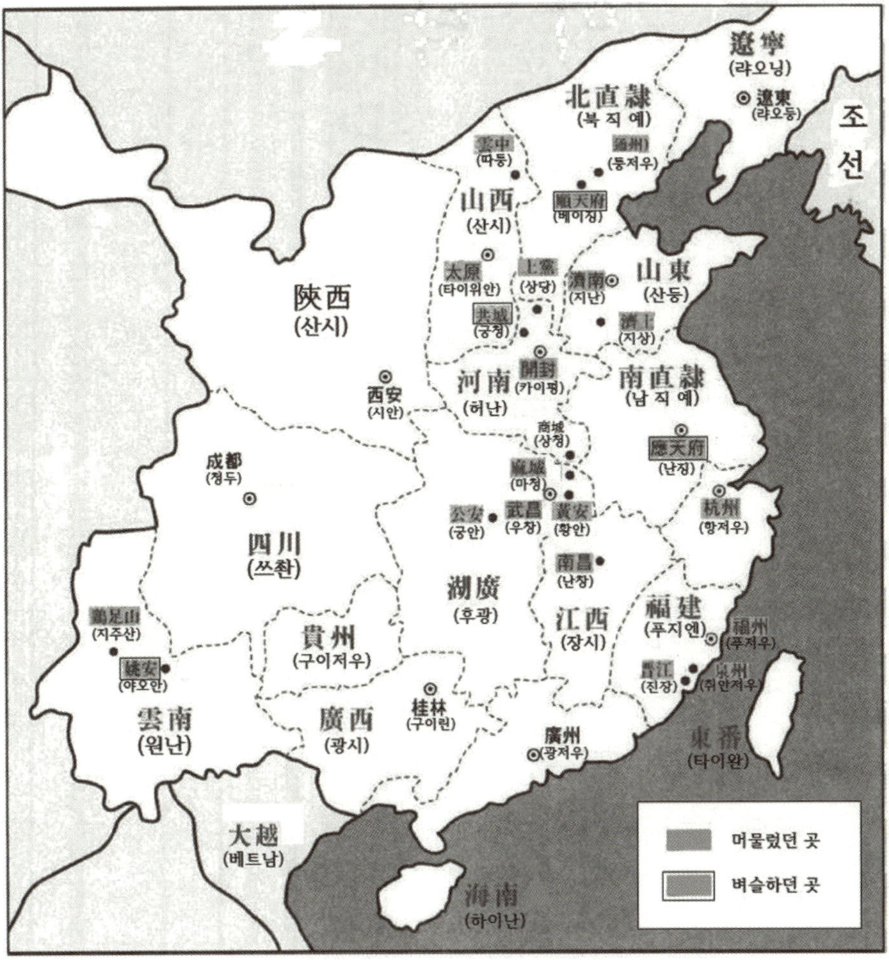

취안저우는 고향이고, 퇴임 후 학문하던 곳은 마청이며, 통저우에서 체포되어 감옥에서 자결했다.

4부 _ 현대 한국 언론 속의 이탁오 _ 173

5부 _ 16세기 동아시아의 역사적 가상 _ 219

6부 _ 부록 _ 253

서론

왜 우리는 이탁오를 말하는가?

1. 이탁오는 누구인가?

취안저우 이지 입상

탁오라는 그의 호로 더 많이 알려진 16세기 명 말의 사상가 이지李贄는 아주 독특하고 과격한 자유사상가이다. 유교의 이념으로 넘치던 그 시대의 중국을 뒤흔든 걸출한 자유인이었다. 뛰어난 사상가이고 낭만적 문학가이며 비판적 역사가로서 지난 시대와 오늘날에도 비교적 널리 알려진 학자이기도 하다.

그는 앞서 간 사람의 자취만을 따르는 보수적 풍조에 반대하여 시대에 맞는 개혁을 주장했다. 오직 성인聖人과 윗사람만을 존경하는 봉건전제시대의 인습에 반대하여 사람의 근본을 따르자고 역설하였다. 맹목적으로 남을 따르는 데 반대하여 실천과 시험으로 증명하자고 외쳤다.

가식으로 가득 찬 사람들의 가식적인 말을 반대하여 동심과 진심을 잃지 말자고 주장하였다. 관리의 탐욕과 부패를 반대하여 청렴한 정치를 주장하고, 남자를 높이고 여자를 낮추는 데 반대하여 남녀평등을 주장하였다. 그의 이처럼 다양한 이론과 주장들은 오늘날에도 매우 강렬한 현실적 설득력과 의의를 갖는다.

그래서 이지는 그 시대에 "어지러운 도를 감히 주장한 사람"으로 지탄되었지만, "밥 먹고 옷 입는 것이 바로 인간의 윤리"라고 주장하며 "백성의 욕망이 바로 최고의 선"이라 역설하며, 마음속의 성정性情과 자연으로부터 행동하는 인본주의를 중시하였다.

이지의 정신은 이처럼 개척정신과 진취정신을 갖추어 16세기의 명대로부터 청대를 거쳐 20세기 초 5·4 운동시기의 사상가, 문학가들에게 모두 깊고 큰 영향을 주었다. 그래서 1981년 중국공산당 중앙서기처의 정책연구실과 『인민일보』가 발표한 「애국주의는 사회주의를 건설하는 거대한 정신역량」에서 이지를 중화민족의 걸출한 역사인물 중 한 사람으로 평가하였다. 또 『홍기紅旗』 잡지 등이 편찬 서술한 『중화영걸록』에서 이지는 중국역사상 83명 영걸 중의 한 사람으로 선정되었으니 이는 모두 이지가 중국문화사상에서 특수한 위치를 차지하고 있음을 보여주는 것이다.

2. 이탁오는 지금 우리에게 무슨 의미가 있는가?

그의 기본 철학은 '동심童心' 즉 진심이다. '어린 아이는 사람의 시작이고, 동심은 마음의 시작'이라고 말하면서 이지는,

> '그러므로 동심은 가식이 전혀 없는 순진한 인간 첫 마음의 본심이다. 만약 사람이 동심을 잃으면 진심을 잃는 것이고, 진심을 잃으면 참된 사람됨을 잃는 것'

이라고 강조한다. 21세기 초를 사는 우리에게도 필요하고 절실한 사회윤리며 덕목이 아니겠는가? 관리의 탐욕과 부패를 반대하여 청렴한 선진사회를 위한 우리의 절실한 요구이다. 진심과 본심대로 살아야 모두 성취할 수 있다는 '동심설'이야말로 눈만 뜨면 신문과 방송 등 언론매체를 가득 메우는 부패와 뇌물로 얼룩진 우리의 현실에서 더욱 필요한 윤리임도 말할 필요도 없다.

국가와 사회의 각 부처에서 능력 있는 인재의 고른 기용은 역시 우리 사회의 절실한 요구이다. 능력 있는 사람의 배격으로 인재를 잃어 사회의 기능을 저하시키는 현실을 타개하기 위해 극히 필요한 요구이다. 이탁오의 당대 인재등용의 부조리에 대한, "고기 먹는 사람들(특수 고위층)은 유능한 사람을 제대로 볼 줄 모른다"는 예리한 비판은 우리의 현실에서 그저 옛 이야기로만 돌릴 수 없는 경구이고 호소이다.

형식이 아니라 진실을 찾는 것은 독서 즉 학문의 연구에서도 마찬가지이다. "책을 읽으면서도 글자를 모른다"는 역설적 경구는 오늘의 학자와 연구자들에게 매우 예리하고 무서운 직언이다. 바로 내실 있는 연구와

진정한 인간의 내면적 가치를 높여주는 것이란 역설을 우리는 받아들여야 한다.

한편 역사의 시비는 시대에 맞게 해야지 옛것만 고집해서는 안 된다는 그의 역설은 우리에게 시사해주는 바 크다. 바뀌는 밤과 낮이나 계절처럼 변화하는 시대에 맞아야 한다고 주장한다. 병에 따라 약을 처방하듯 사안에 따라 융통성 있는 역사의 시비를 강조하는 그의 역사론은 지금 우리에게도 절실하지 않는가?

2015년 온 나라를 들끓게 한 역사와 역사교과서 논쟁을 보면서 그의 역사이론이 우리에게 더욱 귀중한 시사를 주고 있다고 생각된다.

인간의 진심이고 본심으로 동심에 의하지 않으면 정치와 문학도 모두 가식일 뿐이란 주장은 오늘의 우리에게도 얼마나 절실하고 시급한 문제인가?

"나는 50세 이전 개처럼 살았다"며 이제부터 진정 남을 따르기만 하여 부화뇌동하는 삶을 배격한 그의 태도 역시 우리에게 빼놓을 수 없는 덕목으로 받아들여야 한다. 오늘날 우리의 각계 지도층의 인사를 보면서, 현 한국의 국회의원 등 정치인의 파당적 직무유기에 지친 우리에게 내 뜻대로 사는 것이 얼마나 어려운지를 실감한다.

오늘의 우리에게 주는 이탁오의 이 호소와 경구와 덕목들은 오늘을 사는 우리에게도 개인의 삶을 위해서나 건전한 사회 및 선진화의 미래를 위해 하나도 버릴 것 없이 귀중한 요구이며 지켜야 할 준칙들이다.

그래서 16세기의 혼란한 동아시아 유교사회의 본 고향 명 왕조의 몰락과 부조리를 보면서 외치던 이탁오의 경구는 21세기를 사는 오늘의 우리에게도 그래서 여전히 삶의 경각심을 절실하게 일깨워준다.

3. 왜 무엇을 어떻게 쓸 것인가?

중국은 물론 일본에서도 이탁오 연구는 이미 높은 수준에 도달했고 이미 상당히 대중화된 인물이다. 그러나 한국에서 이탁오 연구는 20세기 말 민주화시기에 겨우 미약한 뿌리를 내리기 시작했다고 할 수 있다.

『장서』와 함께 이지의 가장 중요한 기본 저서인 『분서』와 『속분서』가 이 시기에 완역되었다. 그에 대한 한국의 유일한 평전으로, 저자의 『공자의 천하 중국을 뒤흔든 자유인 이탁오』가 나오면서 학계와 언론에 관심이 일어났다. 그 후 2009년에는 한국 최초로 이탁오를 주제로 전국단위 학회인 한국양명학회의 춘계 학술회의도 열렸다. 최근에는 인터넷이나 매체에서 이탁오와 『분서』의 내용에 대한 강의도 여기저기 보인다.

이러한 분위기에서 평생 이탁오 연구에 관심을 가져온 저자는 이미 지난 10년 전 평전을 쓴 이후 이탁오를 일반 독자들에게 가깝게 할 수 있는 길을 항상 고민해왔다. 그래서 여러 가지 부족함과 어려움을 무릅쓰고 이 책을 쓰게 된 것이다.

『이지전집주』

우선 16세기 중국의 이탁오가 아니라, 우리 시대 우리에게 필요한 즉 한국화 된 이탁오를 써보고 싶다. 그래서 우선 20세기 초 중화민국의 이탁오 발굴, 중화인민공화국의 이탁오 고양 등 현대 중국의 이탁오 연구사를 살펴본다.

다음으로 학문적인 연구를 떠나 그가 태어나 치열하게 살다 간 자취를 찾아보려 한다. 중국 해상 실크로드의 출발지로 불리는 고향 복건성의 해안도시 취안저우泉州의 옛 집과 집안의 사당이 있는 난안南安의 기념사 등 자취를 찾아본다.

54세인 1580년 운남성 지부를 끝으로 관직을 사임하고 가족을 고향에 돌려보내고 머리를 깎고 학문에 몰입하고 스승과 친우師友를 사귀며 학문을 강의했다. 시대의 명저를 쓰던 진보적 학문과 열린 토론의 아카데미인 호북성 마성현 지불원의 황폐된 터전을 찾아본다. 박해의 폭풍으로 지불원이 불타고 납골탑의 파괴로 급히 피신했던 인근의 산악지대인 하남성의 황벽산 법안사에는 현재 중국내 유일한 이지서원李贄書院이 건립되었다.

『구정역인』을 저술하던 이지는 여기를 떠나 북경 통주의 제자 마경륜馬經綸의 농장으로 간다. 그러나 이미 건강이 크게 쇠진한 그는 예과급사중 장문달의 탄핵으로 옥중에서 자결하여 그곳에 안장되었다. 현재 북경 통주에 있는 그의 묘지를 답사하여 그의 자취를 찾아본다.

4. 이탁오는 조선 후기의 실학에 상당한 영향을 주었다

저자는 우리 문화와 사상에 이탁오가 어떠한 영향을 주었으며 어떠한 의미가 있는가를 살펴본다. 우선 이탁오는 당시 조선이 멸망될 수도 있었던 임진왜란의 시기를 살았으므로 왜란과의 관계를 찾아본다. 물론 직접적 관계는 없지만, 조선을 원조하기 위해 출병한 이여송 장군이나 고양겸 같은 인물과의 관계 및 그 시대에 대한 이지의 비평사상을 찾아본다.

다음은 조선 후기의 실학사상에 끼친 이탁오의 영향을 조명할 것이다. 실학이라 불리기 너무 이르다 생각할 수도 있겠으나 가장 두드러진 인물이 바로 허균許筠이다. 이탁오보다 훨씬 상층의 출신으로 이탁오 이상 과격한 사상과 사회혁명의 시도로 무참하게 처형된 허균은 확실히 한국 조선 실학의 선하先河이었다.

조선왕조와 군왕에 대한 반역이 아닌 시대와 치국의 이념과 사회계층의 차별에 대한 반역인 역사상 보기 드문 사상범으로 처형되었다. 그 후 그와 그의 이름과 사상은 역사 속으로 완전히 사라진 듯했으나, 비바람 속에서 견디며 꺼지지 않은 모닥불의 불씨처럼, 지하수처럼 숨으면서, 조용하고 잔잔하게 뒤의 시기로 이어졌다. 지봉 이수광이나, 연암 박지원 및 다산 정약용과 영재 이건창 등 후대로 계승발전 되었다. 특히 그의 낭만적 자유문학사상의 문학이론은 물론, 우리에게 전해져 애독되던 명대의 소설인 『삼국지연의』와 『수호전』 속에서 우리 독자들에게 커다란 사랑을 받았다.

이에 저자는 조선왕조가 임진왜란과 병자호란의 대 위기의 격랑을 겪으면서도 일어난 일련의 극복 활동을 민족의 자주적이며 실학사조 내지 실학으로 보면서 이탁오의 사상을 생각한다. 충무공 이순신이 이탁오의 영향을 받은 것은 아니지만, 적어도 인간의 지극한 본심에서 이탁오와 다를 바 없었다고 생각한다. 비록 반역으로 정죄되어 처형되지만 이탁오의 영향을 받은 허균의 사상이야말로 표면적은 못되어도 내면적으로는 조선 실학의 모범이었다.

지봉 이수광이나 연암 박지원 정다산과 이건창에 이르는 사상의 맥락에서 차이는 크지만, 우리는 이탁오의 영향을 발견한다. 특히 『홍길동전』이나 『허생전』 등에서 우리는 근세 초기의 시민정신을 발견하며 놀란다.

사람의 병에 따라 약의 처방을 해야 한다는 이탁오의 시대에 맞는 개혁因時變法은 중국인이 고전을 맹신할 필요 없듯이, 조선인이 반드시 중국을 모방하는 것보다 우리의 글과 지리와 역사를 알아야 하는 실사구시와 경세치용의 시대사조로서 실학의 발전에 적지 않은 영향을 준 것이다.

5. 이탁오와 이순신

끝으로 저자는 16세기 말 임진왜란을 전후해서 동시대를 살았던 이탁오를 비롯한 조선 수군제독 이순신, 일본의 정치가 도쿠가와 이에야스 등 세 위인에 관심을 갖는다. 그들은 모두 그 시대의 사회 안정과 시대의 평화를 위해 싸운 영웅들이다.

그래서 우선 이탁오와 이순신의 대화를 통한 그 시대의 가능한 상상을 써본다. 서로 만난 적은 없고 잘 알지도 못했지만, 그 시대와 조국을 위해 주저함 없이 몸을 바친 점에서 두 위인은 아주 같다. 문인과 학자로서 이탁오와 무장으로서 이순신은 붓과 칼로 싸웠지만, 모두 죽으면서 조국과 시대를 지키려고 한 점에서도 너무 비슷하다고 생각해서이다.

이순신은 위로는 국왕으로부터 아래로는 동료와 부하에 이르기까지 온통 적으로 둘러싸여 어려운 내부의 적과 그 크기를 알 수 없는 왜적과 싸워야 했다. 마찬가지로 위로는 황제로부터 그 시대의 주류인 통치계층의 관료와 학자들과 온통 세상에 둘러싸여 싸우면서 죽어간 이탁오는 너무나 흡사했다.

그 뿐인가? 이탁오가 주장한 동심의 철학이나 동심사상이 바로 이순신처럼 세상이 자기를 알아주건 말건, 비방하건 말건, 세상의 잣대를 의식하지 않으면서 오로지 옳다고 믿는 진실함을 위해 살고 죽어간 이순신의 사상이 아니겠는가?

"내 어찌 아직도 동심을 잃지 않은 대인을 만나 마음껏 이야기 할 수 있을까?" 라며 이지가 그의 「동심설」의 끝에서 한탄했던 꿈을 생각하며 두 위인의 만남과 대화를 가상해 본 것이다. 끝으로 직접 현장을 찾아 조사하며 찍은 사진들을 많이 사용하여 독자들에게 제공하여 실감하도록 노력했다. 비록 부족한 글이나 이탁오와 그의 사상에 관심을 갖는 전공자는 물론 일반 독자들에게 조금이라도 도움이 되었으면 한다.

이 작고 부족한 책을 위해 도움을 주신 많은 분들에게 감사한다. 중국의 이지 연구회장인 북경수도사범대학의 장지엔예張建業 교수의 중국의 연구와 자료에 관한 도움과 격려에 감사한다. 함께 북경 수출입은행에 근무하는 리장이李張翼선생에게도 감사한다. 한편 이지 연구에 큰 관심을 갖고 함께 하는 최원호崔元豪 사장과 지루한 저서의 교정과정에서 많은 조언과 도움을 준 서울대 박사과정 중국유학생 김경 선생에게도 감사한다.

끝으로 서점가의 불황기에도 불구하고 출판을 쾌히 맡아주신 탐구당의 홍정수 사장님에게 지난날의 홍석무 상무님을 회상하며 깊은 감사를 드린다.

많은 부족함이 있으리라 믿으면서 잘못된 데 대한 독자의 지적과 비판을 바라는 바이다.

2017년 6월

한국 이지연구실 장사재에서

1부

20세기 중국의 이탁오 사상

공자가 정한 표본으로 상과 벌을 주지 않으면 좋겠다.
無以孔夫子之定本行罰賞也

— 이탁오, 『장서藏書』에서

1. 중화민국 초의 이탁오 발굴

1) 우위의 이탁오 발굴

중화민국 초, 5·4운동 시기 정치적·사회적 비판과 투쟁의 영웅이 천두슈陳獨秀이고, 문학혁명의 기수가 후스胡適, 1891-1962와 루쉰이라면, 유교를 비판하는 투쟁의 깃발을 든 것은 우위였다. 이 시기 '공자의 상점을 타도하라打孔家店'는 혁명적 구호로 유교 비판에 앞장섰던 우위吳虞, 1871- 1949는 그의 선구자 이탁오를 명 말의 역사 속에서 찾

우위와 우위문록

아냈다.

그는 유교를 죄악시 하는 글을 발표하여 쓰촨성에서 잡지가 금지될 만큼 매우 과격하였는데, 1915년 9월 『진보잡지』에 「명이탁오별전」을 발표하였다. 우위는 명 말의 반유교적 사상가였던 이탁오의 공자비판론에 탄복되어 공자 공격에 다시 불을 붙였다. 이 공자 및 유교비판은 전통에 대한 공격으로 이어져, 중국이나 일본에서 이탁오에 대한 소개와 연구가 홍수처럼 쏟아졌고 뒤에 중화인민공화국에 이르러 최고조에 이르렀다.

그의 저서인 『우위문록吳虞文錄』의 서문에서 당대 문학혁명의 기수로 유명한 후스는 그를 가리켜 '맨손으로 공자의 상점을 때려 부수려 한 쓰촨성의 노 영웅'이라고 중국 청소년들에게 소개하였다. 그 후 이 정의는 이 시대의 유교공격을 상징하는 의미의 구호의 개념이 되었다. 후스는 서문에서,

> 우위 선생은 중국 사상계의 한 사람의 도로 청소부와 같다. 중국의 사회 역사상 그는 끝없이 긴 거리에 서서 눈에도, 입에도, 코에도, 목덜미에도 모두가 저 사람들을 뒤덮고 있는 공자의 찌꺼기를 받아들일 수 없었으며, 또 저 무수한 행인들이 공자 찌꺼기의 먼지 속에서 서로 충돌하여 머리가 깨지고, 다리가 부러지는 것을 차마 볼 수 없었던 것이다.

이 때문에 그는 분憤이 치밀어 한 사람의 청소부가 되었다. 그리하여 항상 고생스러운 한 통의 물을 지고서 한 바가지, 한 바가지씩 공자 찌꺼기로 먼지가 자욱한 중국사회의 대로에 물을 뿌렸다. 그가 뿌린 물은 품삯도 안 받고 때로는 공자의 먼지에 익숙해진 사람들에 의해 발길로 차이고 욕을 먹었다.

> … 어째서 그러한 '사람을 잡아먹는 예교吃人與禮敎'가 모두 다른 간판을 걸지 않고, 공孔 선생의 간판만을 걸었는가? 바로 2000년간 '사람을 잡아먹은 예교'의 법제는 모두 공자의 간판을 걸었기 때문이다. 나는 지금 중국 소년 여러분에게 맨손으로 공자 학파의 상점을 부셔버리려고 한 쓰촨성의 노 영웅 우위 선생을 소개하는 바이다.

라고, 우위를 높이 평가하였다. 우위는 그의 글 중 명대 이탁오에 대한 탄압에 대하여,

> 사실 명대 이탁오에 대한 탄압은 바로 공자가 소정묘小正卯를 죽이고, 맹자가 양자와 묵자를 배척하고, 전한의 동중서董仲舒, 179-104 B.C.가 유교 이외의 여러 학파를 축출하고, 당대 한유韓愈, 768-824가 불교를 배척하여 유교의 무너질 수 없는 굳건한 요새를 만든 것과 같을 뿐이다.
>
> 특히 우위는 "유교의 영향으로 나라를 망치고, 인종을 망치는 결과가 실로 크다"고 단언하며, 한대의 왕충王充, 27-97이 『공자에게 묻는다問孔』로 공자를 공격한 후 2천년 이래 공자를 직접 배척한 것은 실로 오직 이탁오뿐이었다.

라고 우위는 이탁오를 한대의 왕충 이래 2천년의 중국 역사상 유일한 공자를 비판 배격한 사상가로 평가하였다.

2) 민국 초 진보적 지식인들의 이탁오 평가

뒤에 사회주의 중국에서도 활약한 민국시대의 이 사상가들은 아직 사회주의와 관계없이 반봉건적이고, 반유교적인 비판에 치중하였다. 따라서 이탁오 당대의 초횡, 마경륜, 유동성, 축세록 등의 학자와 함께 이탁오의 사상 연구에 대해 가장 학문적으로 공헌하였다. 『명대사상사』를 쓴 룽짜오주容肇祖는 『이지평전』에서 그를 평하여,

> … 총체적으로 이지의 사상은 왕수인 일파의 해방혁명사상으로부터 왔다. 그는 일체의 옛 성현의 사상 혹은 우상을 타파하여 극히 자유평등사상에 도달하였다. 또 그는 개성 자연주의와 적성사상가로서 비평 면에 있어서 적지 않은 새롭고 독창적인 견해를 보여 주었다.

고 하였다. 민국시대의 문인 주웨이쯔朱維之는, 이탁오를 고대 그리스의 철학자 소크라테스의 죽음과 비교하면서 안타까워했다. 루쉰의 동생이며 『신문학강화新文學講話』의 저자 저우쭤런周作人은 그의 저서 『약당잡문藥堂雜文』의 '『초담집』을 읽고'라는 글에서 중국사상 가장 걸출한 문인과 사상가로 꼽았다. 그는,

> 나는 중국 사상계의 세 사람의 현명한 사람이 있는데, 한 사람은 한나라 시대의 왕충이며, 또 한사람은 명대의 이지이고, 다른 사람은 청대의 유정섭兪正燮, 1775-1840이라고 말하니, 첸쉬안퉁錢玄同, 1887-1939 역시 나의 의견에 찬동하였다.

라고 높이 평가하였다. 우쩌吳澤는 『유교반도 이탁오』라는 매우 도전적인

제목의 저서에서,

> … 그의 일생은 위험한 말과 이상한 행동을 우레가 치고 돌이 떨어지듯 했으며 그의 저서에서는 『육경』과 『논어』, 『맹자』를 배격하고 유학과 명교의 전제독단주의를 반대하였다.
>
> 이것은 사람들이 감히 말하지 못하는 것을 말한 것이고, 사람들이 이야기 하지 못하는 것을 이야기 한 것이니, 이름은 전국에서 떨치고 사상계를 격하게 들끓게 했으며 봉건통치의 사상적 아성을 동요시켰다 …
>
> 필경 그는 요망한 사람이었을까? 반도였을까? 아니면 성인의 가르침聖敎이었을까? 성현이었을까? 아니면 결국 누가 '유자'인가? 누가 '성현'인가?

라며 이탁오에 대한 평가를 독자들에게 결론적으로 묻고 있다. 5·4신문화운동 당시의 유명한 문인, 린수林紓, 1892-1924가 북경대학 교장 차이위안페이蔡元培, 1868-1940에게 한 공개서신을 보냈다. 그는 "학생들 중에서 누가 능히 금수와 같은 행위를 한 이탁오의 이름을 댈 수 있겠느냐?"고 물었다. 진독수 등 당시 북경대학의 혁신적 사상가新道德者들을 이지와 비교한 데서 이지에 대한 전통적 평가가 얼마나 부정적이었는지를 충분히 짐작할 수 있다.

1916년 우위가 다시 잡지 『신청년』에 「명이탁오별전明李卓吾別傳」을 발표한 이후 이지에 대한 연구는 중국적 전통을 비판, 공격하는 학자들에 의해 커다란 진전을 보였다.

1934년 지원푸嵇文甫는 '이탁오를 좌파왕학左派王學으로 보았는데, 이것은 그 뒤 중국에서도 자주 인용되고, 또한 반론도 없지 않았다. 어쨌든

1949년 중국의 성립까지의 이지에 대한 평가는 고염무나 린수의 주장에서 본 것처럼 봉건왕조 시대의 전통에 기초한 비판이 주류였다.

2. 사회주의 중국의 이탁오 사상 수용

1) 고대보다 현대를 중요시하는厚今博古 역사 연구

사회주의 중국이 마르크스주의와 마오쩌둥 사상을 지도이념으로 하면서, 거대한 전통과 사상적 유산을 어떻게 구체적으로 계승할 것인가 하는 매우 크고 어려운 문제에 직면하였다.

따라서 그들이 말하는 신중국의 사학분야에서는 판원란范文瀾, 1892-1967, 허우와이뤼侯外廬, 뤼전위呂振羽, 류다넨劉大年, 지안부어짠翦伯贊 등의 지도적 학자들에 의해서 현대적 입장에서 역사를 해석하려는 "현재를 중히 여기고 과거를 가볍게 여기는" 원칙이 크게 강조되었다.

이러한 정치적・학문적 분위기에 맞는 역사인물 평가문제의 하나로서 이지에 대한 연구도 각광을 받게 되었다. 1937년 룽짜오주는 『이탁오평전』을 썼는데, 1957년 다시 신중국 이전의 연구와는 달리 사회주의 중국의 반봉건적 사상과 시민의 입장에서 이탁오를 평가했다. 즉 그는 『이지연보』에서,

> 그는 중국 16세기 말부터 17세기 초 반봉건사상의 계몽운동의 선구자이었다. 그의 반봉건사상은 자본주의가 이미 배태하고 싹을 틔웠던 시대에 발전하였다. 이지의 시대는 바로 중국 자본주의의 배태,

그리고 맹아시기였다. 그는 16, 17세기 반봉건 사상의 계몽운동의 선구자였고, 또 반봉건사상의 전투 중의 희생자이기도 했다.

철학자 펑유란

라고, 350년 전 풍부한 전투성을 지닌 반봉건주의 계몽운동의 선구로 평가하였다. 같은 해 저술된 주치엔즈朱謙之의 『이지 16세기 중국 반봉건 사상적 선구자』에서는 "정치상 반봉건통치계급의 반도와 소극적 반통치 사상 및 …강렬한 비판정신"의 생애가 강조되고 있다. 다음 1959년 허우와이뤼와 치우한성邱漢生이 쓴 「이지의 진보사상」에서

> 우리들은 그의 사회평등설, 개성자유설과 개성해방설들을 볼 수 있으며 그의 계몽적 인도주의 사상을 아주 쉽게 이해할 수도 있다. 그의 문학평론에서 또한 아주 쉽게 근대식의 자연주의 사상을 이해할 수 있으며, 그의 역사인물평의 저작을 볼 수 있으며 미신을 타파하는 독창적 견해를 이해할 수 있다.

라고 하였다. 또한 『중국사상통사』에서도 『이지 평생의 전투역정』은 65페이지에 달하는 지면을 차지한다. 펑유란은 그의 『중국철학사』에서 이탁오에 대해 단 한마디도 쓰지 않았다. 그러나 1962년 「이지로부터 이야기하며—중국철학사 중 유물주의와 유심주의가 서로 바뀌어 가는 하나의 예증」이란 긴 제목의 글을 썼다.

왕수인이 말한 양지와 영명은 바로 이지가 청정본원清淨本源에서 이야기한 것과 같다. 그들은 모두 산하대지와 청정본원을 하나라고 말했다. 그러나 왕수인은 청정본원을 주로 했고 산하대지山河大地는 바로 청정본원으로 인식하였다. 그런데 이지는 이 안에서 산하대지를 주로 하면서 청정본원은 산하대지로 인식한 것이다. 이런 종류의 전변은 바로 유심주의가 유물주의로 전환하는 실례이다.

라고 그는 말한다. 위의 논문들이나 저서를 통해서 그에 나타난 것을 보면 비교적 많은 지면과 관심이 그에게 주어지고 있으며, 반 도학, 반 전통에의 투사로서 그를 평가하며 그의 선조의 해상활동을 특히 중요시하여 명말 중국에 있어서 사회경제사적인 반영이라 한 것은 의미 있는 새로운 평가이다.

2) 반 도학유학 반봉건적 사상

이탁오 사상 중 가장 중요한 반유교 사상은 반봉건이란 시대사조에 따라 이 시대에 가장 중심적 주제이었다. 그는

하늘이 한 사람을 내면, 스스로 한 사람의 쓰임用이 있는 것이니, 공자에게서 쓰임을 얻은 뒤에 족함을 기대할 필요는 없다. 만약 한 사람이 반드시 공자에게서 족히 취함을 기다려야 한다면 아득한 옛날 이전에 공자가 없던 시대에는 마침내 사람을 위해 (그것을) 얻지 못했단 말인가?

라고 꼬집으면서,

(맹자의 사후) 후 삼대인 한, 당, 송의 중간 1100여 년에는 모두 공자의 시비로서 시비(의 표준)를 삼았기 때문에 일찍이 시비가 없었던 것은, 모두 공자의 정해진 본本으로서 벌과 상을 행했기 때문이다.

고 봉건사회의 가치 척도인 공자의 절대적 권위를 부정하였다. 특히 송대 주희 등 성리학자들에 의해 특히 강조된 유교경전인 사서四書에 대해 감히 평을 가했으며 그의 유명한 「동심설童心說」에서,

『육경』,『(논)어』, 『맹(자)』 등은 그 사관史官이 지나치게 높여 숭배한 말이 아니면, 그 신자들이 극히 찬미한 언어들이다 … 이를 어찌 모든 시대에 최고의 이론至論으로 삼을 수 있겠는가?

라고 경전의 절대적 권위와 가치에 대해 회의를 나타냈다. 이러한 유학 및 경전이나 공자에 대한 비판은 당대의 한유 이래 송대에 와서 강조된 도통론道統論을 부정하여 "송대의 성리학자들이 맹가孟軻의 사후 그 도道의 전함을 얻지 못했다고 함은 참으로 큰 잘못"이라고 공격하며 도의 계속됨道統이 송대 정자·주자에 의해 다시 계승된다는 것에 반대해서, "도가 사람에 있음은 물이 땅에 있는 것과 같다"고 비난하였다. 도학자 전반에 대한 그의 평도 매우 날카로워,

겉으로는 학문을 하나 속으로는 부귀만을 위하며 … 재주가 없거나 배움이 없고無學, 유위함이 없이無爲, 무식無識하면서 큰 부귀를 바

라는 자들

이라고 규정하였다. 유신들은 비록 명분상으로는 학문을 한다고 하나, 실제로는 학문을 알지 못하며, 자주 학문의 걸음걸이를 잃어버려 남의 발자취만을 따라가다가 그 자신의 영역을 만들지 못해 명신들에게 조소 거리가 되어버린다고 하면서,

> 이들 유자들이 천하나 국가를 다스려서는 안 되며, 그들이 조소거리가 됨이 이상할 것 없다. 유자들은 문文만 알고 무武를 모르며, 일정한 학술이 없어 많은 경우 책을 읽어도, 글자를 알지 못한다.

고 하며 유교를 비판하고批儒, 옛 것을 반대하며反古, 경전을 의심하는 것疑經이나 도통의 부정을 높이 평가하였다.

위에서 본 역사인물 이지에 대한 평가는 유물주의와 법가 및 자본주의 맹아론 등 몇 가지 새로운 평가를 제외하면 사회주의 중국 성립 이전의 연구 내용을 많이 계승하여 전통의 비판과 그 맥을 같이 한다고 할 수 있을 것이다.

3) 문학사상 및 비평가 이지

명대 후기의 문학사조도 양명학의 좌파라고도 불리는 태주학파의 사상과 깊은 연관이 있었다. 당시 문학의 복고적 경향이 심해, 공허하여 배우지 않는 병폐에 빠져 성리학을 받드는 설선薛瑄, 1389-1464 같은 사람

은, "주자로부터 도가 크게 밝아져 번잡하게 저작할 필요 없이 곧바로 실천하기만 하면 된다"고 하였을 정도였다. 이러한 복고주의 문인들에 대해서 반복고주의 문학개량운동의 선구가 된 원종도袁宗道, 1560-1600, 원굉도袁宏道, 1568-1610, 원중도袁中道, 1570-1623의 삼형제는 자유롭고 낭만적인 문학경향의 대표적인 공안파 문인들이다. 그런데 이지는 인간 성품의 존귀함과 자유로움에 바탕을 둔 성령설性靈說을 주장하는 문인들에게 사상적 영향을 주었다. 그들은 자주 이지를 방문하여 학문과 인생을 논하면서 스승으로 섬겼고, 원중도는 뒤에 이지의 전기인 『이온릉전』을 썼으며, 이지 또한 그의 저서에서 이들에 대한 시, 또는 칭찬 등을 많이 남겼다.

다음으로 그의 학문적 공헌은 비평가로서 『이탁오비점세설신어보李卓吾批點世說新語補』 20권이나 『충의수호전전서忠義水滸傳全書』 등 많은 점을 찍어 평하는 평점소설 등이 있으며 그의 문학이론으로 「동심설」은 너무 잘 알려진 글이다. 이지는 이 글에서, "천하의 훌륭한 글은 동심에서 나오지 않은 것이 없다"고 선언하고, "시는 왜 반드시 옛 것들을 골라 뽑은 『고선古選』이어야 하고, 문은 왜 반드시 선진先秦이어야 하는가?"라고 자문하면서 전기, 원본, 잡극, 『서상곡』, 『수호전』 등을 "고금의 최고 문장"으로서 찬양하고 있다.

따라서 그는 원씨 삼형제뿐 아니라, 문학이론과 비평을 통해서 또는 뒷날 김성탄金聖嘆, ?-1661에 영향을 주어 중국문학사상에 크게 공헌한 것으로 평가되고 있다. 특히 3원의 성령설이나 이탁오의 『삼국지』와 『충의수호전』의 삽화들은 조선 후기이래 대중문학에 널리 유행하여 큰 영향을 주었다.

3. 문화대혁명시기의 이탁오 사상

1) 유물론적 사상가 이지

사회주의 중국에서 역사의 새로운 정립을 위해 '원시공사사회, 노예제사회, 봉건사회, 자본주의 사회, 사회주의'로 정의하는 마르크스주의의 역사발전 5단계 설을 중국사 서술에 수용하였다. 따라서 전통사상 속에서 사회주의 시대적 근간 이념인 유물주의적 요소를 찾아보려는 노력의 일환으로 이지의 사상도 그 연구의 대상이었다.

1957년 주지엔지는 이지가 "소박한 유물론적 관점"을 갖고 있다고 지적하고, 1959년 허우와이뤼, 치우한성의 「이지의 진보사상」에서 "인도주의와 자연주의가 서로 연결된 불확실한 유물주의"의 요인을 논하였는데, 이것은 뒤에 나온 대저 『중국사상통사』에서도 같은 주장이 되풀이 되었다. 이 저서에는 왕양명에 대하여 37페이지를 쓴 데 비해서 이지에게는 65페이지나 할애하고 있음은 매우 주목할 만하다.

그 후 중국에서 간행된 많은 저서 속에서 이 문제는 계속 되풀이 되었는데, 그에 대해 가장 깊이 있는 연구자는 수많은 철학적 논문, 저서를 낸 펑유란馬友蘭이었다. 그는 사회주의 중국 이전의 태도를 바꾸어 이지를 유물주의적 사상의 요소가 많다고 지적하였다.

특히 1949년 우쩌는 『유교반도 이탁오』를 쓰면서 펑유란, 슝스리熊+力 등,

> 신유학의 새로운 성인新儒新聖들은 천두슈와 우위 등의 민주민족혁명사상을 독화毒化 시키고 있다. 그래서 공자, 맹자를 중심으로 공맹

유학의 어두운 흐름을 막는 데 있다

고 하였다. 이러한 흐름으로 보아, 평유란의 사상적 변화는 매우 이례적이고 흥미롭다. 그가 대작인 『중국철학사』에서의 입장을 크게 바꿔 비림비공운동까지를 긍정적으로 찬양할 정도로 사회주의 중국의 사상적 추이에 따른 것은 그가 후일에 쓴 『평유란의 큰 길』에서 밝히고 있다.

평유란은 이지의 사상이 왕양명의 사상과 유사한듯하나 서로 다르며, 왕의 사상이 사회적으로 반동적인데 대해서 이지의 사상은 "진보적"이라고 전제하고, 왕의 사상은 이지에 와서 하나의 발전을 했지만, 그 발전의 내용은, "반대편으로 돌아간 것反面轉化으로 오히려 대립적인 면을 형성했다"고 주장한다. 그는 이지가 정주학자들의,

> 천리를 보존하고, 인욕을 없애버리는 것을 반대, 부녀경시 사상 반대, 농민기의에 동정, 개인 해방의 사상, 독립사고 등을 지적하여 유심주의 체계나 왕양명 학파의 영향을 완전히 벗어날 수는 없었으나 '일정한 정도의 유물주의적 요소'를 갖고 있었다.

하고 논한다. 그는 이지가,

> "본원을 맑게 하는 청정본원이 산하지대"이며 또 "본지풍광"이라고 한 것을 들어 왕양명의 "양지良知"나 "영명靈明"에 비교하였다. 왕은 "본원을 맑게 하는 것"을 주로 하였으나, 이지는 "산하대지"를 주로 하였으므로, 이러한 전변이 곧 "유심주의가 유물주의로 향하는 전화"

라고 평유란은 지적하였다. 또 이지가 「부부론」에서,

> 무릇 처음에 사람이 날 때 오직 음양의 이기二氣가 있었고, 남녀의 두 생명二命만 있었으니 소위 "일一"과 "리理"란 없었다. 어찌 태극이 있었는가? 지금 이로서 보건대 소위 "일一"이란 것은 과연 어떤 물건이며 소위 "리"란 것은 어디 있으며, "태극"이란 어느 것을 가리키는가?

라고 한 것을 들어, "이것이 유물주의적인 요소이며 진보적 사회사상과 서로 연계된 것"이라고 말한다. 그는 끝으로 왕수인의 주관적 유심주의와 불교의 선종禪宗의 관계를 논하며 선종 중에는 "범신론적 경향"이 있음을 지적하고 이지 역시 바로 범신론의 교량으로부터 유물주의에로의 경향을 가졌음을 상기시켰다. 그러나 전반적으로 유물론자로서 이탁오의 상像은 보다 많은 설득력이 필요하지만, 크게 성공하지는 못했다.

2) 비림비공운동 중 이탁오 사상

임표와 공자에 대한 비판운동

비림비공운동은 또 다른 문화혁명 혹은 "문화혁명의 마지막 단계Die letzte Phase der Kulturrevolution"라고 평가되기도 하는 문화대혁명을 마무리한 한 정치 사상 비판운동이었다. 실각한 국방장관 린뱌오林彪, 1908-1971와 공자에 대한 비판운동이 제10차 중국 공산당대회가 열렸던 1973년 8월

비림비공운동과 마오쩌뚱

부터 1974년 말까지 전국적으로 격렬히 전개된 것이다.

이 공자와 유교에 대한 공격은 이미 태평천국운동1850-1864이래 1919년 5·4운동을 거쳐 사회주의 중국에까지 계속된 시대적 사조인 "한 세기의 사상 논쟁"이었다. 아울러 20세기에 시작된 이지에의 "근대적 평가"도 이 비판운동 중에 대중교육의 성격을 띠고 전개 되었으므로 그 어느 때보다도 매우 긍정적으로 평가되고 대중적으로 찬양되었다. 그런데 이 시기에 이탁오가 유물론자와 법가사상 및 법가존경자로 찬양된 것은 역사상 처음 있는 일로서 매우 이례적이며, 그에 대한 새로운 평가의 한 장이 되었다.

법가를 존경하고 유가를 반대한 사상가

그런데 이 기간 중에는 중국의 수천 년 사상사가 유법의 투쟁사로 설정된 소위 '유법사관儒法史觀'에 그 특징이 있다. 이러한 시도에 대해 북경사대 교수 칭시慶思는,

> 장기간의 중국 봉건사회 중 법가를 존경하고 공자를 반대하거나, 공자를 존경하며 법가를 반대하는 두 종류의 사상은 일관해서 격렬한 투쟁을 계속해왔다. 그런데 존공반법의 사조尊孔反法思潮는 반동, 암흑 정치세력의 이익을 대표하나, 존법반공은 곧 혁명계급과 진보사상가가 복고적 사상에 반대하는 무기가 되었음을 투쟁의 역사는 증명한다.

고 중국사상사를 유교와 법가의 대결로 규정했다. 따라서 역사상 매우 긍정적인 활동은 법가에 의해서, 부정적인 역할은 유가에 의한 것으로 파악하려는 시도였다.

아울러 전시대의 혼란을 극복하고 중국을 통일한 진의 시황제가 매우 높이 평가되었고, 이지도 진시황을 고도로 찬양했다고 지적된다. 즉 진시황의 역사적 공적은,

> 진시황은 중국 봉건사회 초기 지주계급의 걸출한 정치가로서 현재를 중시하고, 과거를 가볍게 여기는 전문가로서 역사적 발전의 추세에 적응하여 아국我國 역사상 최초의 통일된 중앙집권적 봉건국가를 창립했으며 법가를 숭상하고 유가를 반대한 황제

라는 것이다. 그러나 진시황은 역사상 유가의 역사가들에 의해 자주, 앞선 성인의 도를 멸하고, 제왕의 제도를 고쳤으며, 성인의 책을 없애고 불태우며 선비를 묻었다. 분서갱유焚書坑儒는 비난을 받고 있는데 대해, 그렇게 하지 않고 통일의 대업을 이룰 수 있었겠는가라면서, 이지는 역사책을 읽으면서,

> 참된 영웅을 유약한 인물로 그려낸 것을 분개하여, "(역사 책 속의 옛날부터 지금까지의 잘못 기술된) 많은 원한과 잘못을 누구와 더불어 시비를 분별하여 분명히 밝혀내겠는가?"

라고 하면서, "역사를 읽을 때는 참으로 백천만 인과 대적하는 것처럼 하겠다"는 자세로 옛날부터의 죄인으로 잘못 멸시된 진시황을 "역사상 가장 훌륭한 황제千古一帝"라며 열정적으로 찬양했다는 것이다.

현대의 관점에서 진시황은 전국의 분열된 7국 시대의 혼란을 극복하고 중국을 통일한 위업이 매우 높이 평가되었다. 이는 1839년 아편전쟁 이래 서양 세력의 간섭과 혼란을 극복하고 새로운 중화인민공화국의 성립을 비교한 역사적 평가이다. 그래서 진시황의 역사적 공적은,

> 진시황은 중국 봉건사회 초기 지주계급의 걸출한 정치가로서 현재를 중시하고, 과거를 가볍게 여기는 전문가로서 역사적 발전의 추세에 적응하여 아국我國 역사상 최초의 통일된 중앙집권적 봉건국가를 창립했으며 법가를 숭상하고 유가를 반대한 황제이었다.

라고 매우 높이 평가되었다.

그런데 이지를 왜 사상 처음으로 존법사상가 내지 법가사상가로 본 것인가? 이지의 사상 중 어떤 요소가 그를 "명대의 저명한 법가대표"라고 불리게 되었는가? 이것은 매우 중요한 논점임에도 불구하고 널리 찬양된 만큼 깊이 연구되지 못하였다.

그에 대한 가장 중요한 논리적 근거를 인성론에서 찾으려 한다. 즉 송·명의 도학은 "모든 사람의 마음은 다 착하다"라는 맹자의 성선설적 인식론으로 "천리를 존중하며, 사람의 욕심을 없애자"고 주장한다. 그러나 이지는 "모든 사람은 사사로운 욕심을 갖는다"는 주장으로 맞섰다. 이는 이지가 곧 맹자에서 비롯한 송대와 명대 유가들의 성선설을 부정하고, 순자에서 비롯한 법가들의 성악설에 일치된다는 것이다.

다음은 그의 개성으로 가득 찬 인물 평가 중 역사상의 법가와 법가 사상을 구비한 진보적 인물들에 대해서 이지가 매우 높이 찬사를 보내고 있다는 것이다. 아울러 이지는 진나라 이전이나 이후를 막론하고 법가와 그들의 정책에 대해서 대체로 긍정적인 평가를 했다고 지적된다. 즉, 그는 이회李悝, 444-395 B.C., 오기吳起, ?- 338 B.C. 등이 "배움은 실용을 힘쓸 것"으로 보며 순자荀子, 313-238 B.C.를 맹자보다 높이 평가한다. 순자 학설의 쓰임이 더욱 통달하여 우회적이 아니었는데, 당시에는 어째서 순자를 누르고 오로지 맹자만을 추켜올렸는지 모르겠다고 순자를 높이 평가하였다. 한편,

> 진의 재상 상앙商鞅, ?-338 B.C.이 겨우 10년 만에 드디어 나라가 부강해져서 진의 통일대업을 이루게 했으니, 정적이 상앙의 몸을 죽일 수 있었으나, 결국 그의 변법개혁은 폐할 수가 없었다.

비림비공운동

고 상앙의 개혁 업적을 격찬하였다. 또 진시황 때의 재상 이사李斯, ?-208 B.C.를 "때와 군주를 잘 알고 있었던" 명신으로 평가하여 그의 강력한 군현제의 주장에 대해서, 이들은 모두 시대의 운에 순응하는 호걸들이며, 시기를 알고 처신하는 대신이니 성인이 다시 태어나도 그것을 바꿀 수는 없다고 그의 『장서』에 "재주와 능력을 갖춘 명신才力名臣"에 넣었다.

한대 정치가들, 조조晁错, 200-154 B.C., 상홍양桑弘羊, 152-80 B.C., 조조曹操, 155-220나 당대 유종원柳宗元, 773-819의 '봉건론'이나 송대 왕안석王安石, 1021-1086의 '신법' 등을 모두 법가정치로 보고 긍정적으로 평가했다. 유가들을 가리켜, "자기들이 이미 일정한 학술이 없으니, 어찌 후일에 큰 공이 있겠는가?"라고 유가를 비판한 데 반해, 법가 전반에 대해서는, "각각 일정한 학술이 있어 각각 반드시 일의 공을 이룰 것이다."라고 한데서 그의 개혁사상을 여실히 볼 수 있다는 것이다.

비림비공운동 중에 특히 이지가 당대의 여 황제 무측천武則天, 625~705의 능력을 찬양하여 높이 평가한 점을 많이 인용 거론했다. 『장서』에서 이지는,

> 무후의 정치는 스스로에게서 나오고, 밝게 살펴 잘 판단했으므로 당시 영웅들이 다투어 임용되려 했다. 고종 부군, 재위 650-683보다 10배 낫고, 그의 아들 중종재위 684, 705-710보다는 일만 배나 낫다.

고 측천무후의 정치적 능력과 업적을 극찬하였다.

'비림비공' 시기 이지 평가의 역사적 의의

유교의 이단자, 또는 반봉건사상의 선구자 등 이지에 대한 일반적인 평가는 민국 초부터 1949년 사회주의 중국에도 변동 없이 계속되었다. 그러나 이지 평가와 사상 홍보는 중화인민공화국에서 전 시대나 타이완에 비해서도 훨씬 광범위하고 강화되었다. 이는 학문적인 지식층뿐 아니라 일반 인민 즉 대중에게도 긍정적 평가와 찬양이 최고조에 이르렀다.

이것은 그의 사후 국가의 당권자에 의해 유용하고 긍정적인 상像으로 받아들여진 역사상 최초의 사실로서 그 의미가 매우 크다. 그와 그의 사

상은 계속해서 중국의 정치적, 사회적, 문화적인 변화 속에 오늘날에 이르기까지 그 때마다 정치적 목표와 인민교육의 시대적 지도이념이 되고 있다.

사회주의 중국에 있어서 이탁오의 사상 중 유물론적 요소를 찾아보려고 한 것은 지극히 당연한 것이다. 그의 사상이 유심주의자로 몰아붙인 왕양명으로부터 왔다면 그것은 논리적으로 모순이기 때문에 그가 왕양명의 사상을 뛰어넘어 완전한 유물주의적 사상은 아니나 유물주의적 성격을 가진 사상을 발전시켰다는 것은 흥미롭다.

그를 법가사상가나 종법사상가로 본 것은 처음 있는 일로서 의미를 갖는다. 비림비공운동 이후, 그러한 사상적 논의는 사라졌지만, 그의 사상의 폭이 매우 넓은 것을 말해주는 것으로 새로운 시각을 하나 더 제기한 것은 확실하다.

한편 명말 청초가 사회경제사적으로 "자본주의 맹아시기"로 규정되면서, 그 시기를 대표하는 사상가로 이지가 거론되는 것도 새롭고 흥미롭다. 그의 해적 임도건 찬양이나, 서양 선교사 마태오 리치Matteo Ricci, 1552-1610, 중국명 利瑪竇와의 교류가 그와 연관된다. 평생 동안 대립한 논적 경정향의 아들 교육의 내용에서 성리학을 통한 과거시험 공부보다 상업과 같은 실용적 측면의 강조는 좋은 실천적 모습이다.

중화인민공화국 성립 이후 그의 저서와 논문 등이 많이 출간된 것도 사상의 대중화란 점에서 매우 의미 있는 일이다. 1959년에 처음 출판된 『장서』 4책, 『속장서』 2책이 1974년 3, 4판으로, 1975년 『분서』의 초판이 출간되었다. 특히 1963년에 출간된 대저인 『중국사상통사』에서 이지를 무려 65페이지나 쓴 것은 이지 사상이 신 중국에서 매우 중요한 이념의 목표이었음이 확실하다.

2000년에 출간된 사회과학문헌출판사의 『이지문집』 6책이나, 2000년 출간된 26책이나 되는 장지엔예 주편의 『이지전집주』는 현 사회주의 중국에서 이지의 사상적 가치와 위치를 확인시켜준다.

이러한 경향은 대중적 정치운동인 1973년 이후 비림비공운동 때의 『역대법가저작역주歷代法家著作譯註』 1976, 『역대법가문선歷代法家文選』 1975 등과 같은 법가저서, 신문, 잡지 등에서 삽화와 함께 언론의 보도들에서 대중적 교육의 모범적 상의 성격이 매우 강하였다.

중국 공산당과 『홍기』 등이 이탁오를 5천년 중국문화의 83명 영웅 중 한 사람으로서 추앙하게 된 것은 북경 서해자 공원의 이탁오 묘 앞 '일대종사'란 비문에서도 확인된다. 이는 이지 자신이 『장서』를 쓰면서 후대 자기를 알아주는 양웅 같은 사람을 기다린다는 생각이나, 당대의 이지 지기와 제자들이 했던, 이탁오의 저서들이 뒷날 경연이나 과거의 장에서 필요한 교재가 되리란 예언이 적중했음을 실증해주는 것이다. 비록 그날의 경연이나 과장은 오늘날 공산당의 이념교육의 지침서나 사회교육을 위해 대중교육의 교재가 되고 있다.

결론적으로 이지에 대한 사상적 평가는 여러 사람들에 의해 수없이 시도 되었지만, 이처럼 광범위한 정치적 논리나 운동에 의해서 학습이 요구된 것은 역사상 처음 있는 일이었다.

16세기 명 말의 이탁오는 확실히 걸출한 진보적 사상가이었다. 그리고 시대를 초월하여 20세기 이래 격변하는 혁명의 현대사에서도 이지와 그의 사상은 낡은 전통의 파괴와 새로운 문화형성의 매우 중요한 선구와 모범이 되기도 한 것이다.

부패 척결의 개혁사상과 근현대의 계몽사상가

임계유는 2009년에 출간된 『이지전집주』의 서에서,

> 이지는 걸출한 사상가, 문학가, 사학가의 한 사람이다. 그는 격렬한 자세와 언사로써 당시 사회의 혼란과 정치적 부패, 도덕적 허위를 공격하고, 예리한 언사와 자유로운 스타일로 사회를 향해 크게 호소했다. 따라서 이지는 혁신정신을 구비한 사상가였다. 그의 저술은 명 말로부터 5·4운동 시기에 이르는 사상계에 중대한 영향을 주었다.

고 하였다. 중국 이지연구회장 장지엔예 교수는 2014년 이탁오와 동아문화 국제 학술연토회의 발표논문, 「중국이 근현대로 향해 가는 계몽사상의 선구」에서 이지의 사상을, "인민성을 가진 정치이념", "인간 평등의 사회이상", "가식을 버리고 진실을 보존하는 인격수련", "세상의 변화를 따라가는 발전의 역사관", "감정과 세속을 중요시하는 미학사상"으로 높이 평가하였다.

총체적으로 우리들은 이지를 중국이 근·현대를 향해가는 계몽의 선구자로 생각한다. 이런 위치로부터 이지를 고찰하면 중국문화사상의 발전궤적을 알게 된다. 허우와이뤼가 주편한 『중국사상통사』 제4권에서 이지의 사상은 도덕론의 범위 안에서 평등과 자유와 개성을 존중하는 정신으로 가득 찼다.

그는 인류가 자연평등하고 사람의 개성이 서로 같으며 모든 사람이 스스로의 개인적 욕망을 갖고 있으며 이익을 따르고 해를 피하는 것은 모두 같다고 생각하였다. 옷 입고 밥 먹는 것이 사람의 이치이며 개인의 이익을 즐기고 이해하는 것이 합리적인 것이라고 생각했다. 이지는 이런 것들을 바로 도덕의 기초로 생각하는 것이다. 이지의 사상 속에는 이러한 기본 논점들이 봉건등급을 반대하고 봉건특권과 투쟁하는 의미를 갖추고 있다. 이것이 비록 도덕론의 범위 내에서 오는 논단이지만 이지 사상의 계몽적 의미를 말해주는 아주 좋은 설명이다.

이지가 제기한 매우 많은 명제들은 모두 같지 않은 세속의 견해로부터 나온 것이고 이 견해의 핵심적인 내용은 사람을 본으로 하고 인격의 독립과 개성의 자유, 심령의 자주, 정신의 해방을 요구하는 것이다. 중국봉건사회의 문화사상 발전에서 보면 이것은 주체의식이 장기간 억압되었던 데에 대해 반항하는 것으로 주체의식이 억압되었던 데에서부터 각성해가는 것을 나타내는 것이다. 이지는 이런 전통문화 중의 계몽사상을 대표하며 중화문화전통 중에 들어있는 정화와 현재 우리의 시대정신과 상당한 정도 상통하는 것이다.

2부

현대 중국에서 찾는 이탁오의 발자취

한 시대 최고의 스승
一代宗師

— 베이징 이탁오 묘지의 비문에서

1. 동아시아 사상의 고향, 이탁오의 취안저우

1) 해상 실크로드의 출발지

인간은 그가 나서 자란 곳의 영향을 많이 받는다. 그러면 이지의 고향 취안저우는 어떤 곳인가? 간단하게 살펴본다. 타이완 맞은 편, 중국 동남 해안의 취안저우는 아름답고 유서 깊은 역사와 문화의 도시이다. 비록 우리에게는 덜 알려졌지만, 인구 800만의 이곳 시민들은 역사적으로 "해상의 실크로드의 출발지"라는 자긍심이 크다. 객가客家인 동남아의 화교와 많은 타이완 주민들의 고향이기도 한 취안저우의 화교대학과 화교호텔大廈은 바로 이러한 역사의 한 모습이다.

화교호텔 프런트 뒤 벽의 그림 조각은 이 도시의 역사를 찾는 사람들에게 그것을 한 눈에 보게 해준다. 즉 왼 쪽 위 '중국의 서북 신강 지역의 사막에서 회교사원을 향해 낙타로 여행하는 실크로드가 보인다. 그 아래는 중국에서 가장 오랜 회교사원 청정사가 있고, 그 우측에 관우의 관제묘가 나란하다. 한편 유명한 불교의 사원인 개원사의 동·서 쌍 탑이 우뚝한데, 문묘의 경전들이 여기 저기 흩어져 보인다. 그 우측의 위에는 푸른 파도를 헤치며 나가는 선박의 그림을 조각하였다. 그리고 이를 "바다 실크로드의 옛 운치海絲古韻"라는 아주 시詩적인 제목이 매우 인상적이다.

사실 10세기 당대부터 15세기 명 초까지 아직 상하이와 홍콩 등 근 현대 항구가 없던 시대에 취안저우는 중국 최대의 항구로서 세계 최대의 항구이기도 했다. 13세기 몽골의 원 왕조에 와서 벼슬하던 이탈리아인 마르코 폴로와 14세기 아랍 여행가 이븐 바투타도 모두 여행기에서 취안저우를 "세계 최대의 무역항"이라고 평하였다.

이지의 출생 전, 서양에서는 1492년 콜럼버스가 신대륙 아메리카를 발견하고, 1498년 바스코 다 가마의 인도항로 발견, 마젤란의 세계일주로 세계사의 지평이 크게 넓어졌다. 한편 1517년 독일의 마르틴 루터는 가

취안저우 안내도

톨릭을 공격하고 개신교를 시작하여 유럽 정신사의 대변혁을 일으켰다. 이지가 30세인 1557년에 포르투갈이 마카오를 점거하고, 1581년 이탈리아 신부 마태오 리치가 마카오에 도착하여 서양의 종교와 문화가 중국에 밀려들기 시작했다.

취안저우의 해안에 설치한 외국인 거류지 번방蕃坊에서 출생한 사상가 이지는 조부와 부모 및 7남매의 대가족 중 장남이었다. 부친은 서당의 선생이지만, 선조들은 아랍 등 해외무역에 종사하고, 조모 중 아랍인도 있어 회교와의 관계가 깊었다. 이지가 태어난 취안저우 남문 만수로는 당시 상인 등 외국인이 거주하는 번방으로 외래선원이 머물던 내원역來遠驛도 멀지 않는 곳에 있다. 이지의 옛 집 이지고거李贄故居는 진강이 가까워 시박사市舶司도 멀지 않고, 강으로 흐르는 운하 같은 수로의 물살이 빠르

항해의 안녕을 비는 천후궁

고 집안의 뒤에도 적지 않은 양의 물이 흐르고 있다.

해상을 항해하며 사람들의 안녕을 기원하는 중국 최대의 천후궁天后宮도 가깝고 이지가 왜구와 싸운 천주성의 무너진 옛터도 바로 집 근처이다. 집 앞의 골목길은 넓지 않고, 마당이 좁은 서민의 작은 집이다.

지금은 '이지의 옛 집李贄故居'란 나무판의 글씨를 보며 들어가면 임이林李 가계를 쓴 석비가 좌측에 보인다, 현관의 양측 벽에도 설명문들이 가득하다. 이지의 위패가 모셔진 내실의 어두운 공간에는 기둥에 여러 글씨들이 보이는데, 구석에는 이지에 관한 국내외의 연구서들이 진열되어 있다. 최근에는 관리자가 그 안에 거주하고 있다.

바로 이 마당 정면에 이지의 좌상이 조그만 석대 위에 세워져 관심 있는 사람들의 전형적인 사진 촬영 장소가 되고 있다. 비록 좁은 공간이지만 많은 외래적 분위기를 풍겨주는 중세의 항구란 역사로 가득하다. 취안저우의 자연과 해양 및 대외진출을 추구하는 취안저우 시를 상징하는 역사 속 이지의 옛 집은 그래서 오늘날도 잊을 수 없는 문화와 관광의 명소가 되고 있다. 이지의 성은 회교와 유교의 갈림으로 원래의 임林씨에서 이李씨로 바뀌고, 이름도 재지載贄에서 목종穆宗의 이름인 재載를 피해 '이지'로 남았다. 그가 후일 차茶를 읊은 시 「다협명茶夾銘」에서, "너의 성이 원래 끓는 물의 탕湯씨가 아니듯, 나의 성도 역시 이李가 아니었다."는 그의 성명에 대한 회고가 매우 해학적이다. 그의 호는 이름보다 더 알려진 탁오이며, 고향 지명의 온릉溫陵, 아버지를 사모하여 사재思齋, 호북성 마성현 지불원芝佛院에서는 용호龍湖, 이노자李老子라고도 했다.

12세 때 아버지의 서당에서 노농노포론老農老圃論이란 글에서 『논어』 중, 공자가 농사일을 묻는 제자 번지樊遲를 '소인小人'이라고 농사를 경시한 말

을 비웃어 주위의 사람들을 놀라게 했다. 후일 마오쩌둥도 연안延安에서 인민해방군에게,

> "공자는 농사법을 묻는 제자의 질문에 답을 못했는데, 여러분들은 모두 농사에 능해 공자의 제자들보다 훌륭하다."

라고 칭찬한 바 있었다.

2) 외래문화와 다양한 종교의 도시

다양한 외래 종교

이지 생가와 근처의 외래선객이 머물렀던 내원역來遠驛이나 송대 이래 선박과 인적 왕래를 관리하던 해외교류창구인 시박사市舶司의 주변에는 진강晉江으로 급류하는 수로가 항구를 실감케 한다. 거친 파도를 헤치며 항해하는 선원들의 안전을 기원하는 중국 최대의 주황색 지붕의 천후궁天后宮이 웅장하다. 그 안에는 주신으로 마조신馬祖神을 비롯한 18위의 해신들의 벽화가 찬란한데, 오늘날에도 많은 사람들이 찾아 피우는 향불의 연기가 짙은 냄새와 함께 자욱하다.

시내의 유명한 해외교통사 박물관은 호수위에 떠 있는 배 모양으로 14세기의 아랍 여행가 이븐 바투타의 동상과 회교 유물들을 만날 수 있다. 이처럼, 당시 취안저우는 멀리 유럽과 아랍 및 아프리카, 인도, 동남아 등과의 빈번한 교류로 외래문화의 유입과 접촉의 통로이었다. 이러한 환경에서 이지는 어려서부터 다양한 문화를 수용하였다.

취안저우에는 일찍부터 상인 등 외래인의 교류가 많아 마니교, 브라만교, 기독교, 천주교 등 시대마다 여러 종교가 들어와 종교 박물관 같은 도시이다. 현존하는 마니교摩尼教의 성전인 초암草庵은 바로 그 한 실례로서 매우 귀중한 세계적 문화유산이다. 여러 종교의 사당들이 도처에 세워졌고, 패방牌坊, 탑당塔幢, 불상, 묘비, 석각을 비롯하여 각종 소상塑像이 여러 곳에 산재한다.

이지 후대의 『임씨林氏족보』에 의하면, 1599년에 "천주교가 처음 중국에 들어왔다"고 쓰고 있어, 천주교가 이지 가족에게 영향을 주었음을 말해 준다. 이지가 난징에서 이탈리아 선교사 마태오 리치를 3차 이상 만나 교유하고 기록을 남긴 것도 그러한 고향의 배경에서 영향을 받았을 것으로 보인다.

취안저우 시의 도처에서 만나는 외래종교의 자취 중에는 회교가 가장

해양 교통사박물관

진장의 마니교성전-초암

회교묘지

두드러진다. 중국에서 가장 오래된 회교사원인 1009년 북송시대의 청정사가 대표적이다. 지진으로 파괴되었지만, 곳곳에는 코란 경전이 새겨져 있는데, 15세기 초 명의 영락제가 회교신앙을 허락한 칙령도 벽에서 발견된다. 전시관에는 중국 내 회교전교의 자료로서 이지씨 가계의 족보도 보이는 등 국가급의 매우 귀중한 문화유적이다.

특히 동문 밖의 나무의 숲에 싸여 잘 관리되는 회교성지와 묘역은 실로 회교전래와 취안저우 활동의 생생한 역사이기도 하다. 이지의 부인 황黃씨도 회교도이며, 이지의 장례와 묘지도 회교의 영향을 받은 듯하다. 국가급 보호문물인 이 회교성지에는 취안저우에서 그의 원양함대를 출발한 회교도 정화鄭和의 역사적 정화행향비鄭和行香碑도 여기서 만난다.

높이 1m, 넓이 42cm, 두께 9.5cm의 이 비는 1517년 정화의 제5차 항해에 앞서 세워졌는데, "흠차총병 태감 정화가 앞서 서양의 후루무치 등 국가에 갔었다. 영락 15년1517, 5월 16일, 여기에 행향하고, 성령들의 비우를 빈다. 진무 포화일이 기록하여 세운다"는 46자가 기록되었다.

포화일蒲和日은 송말 천주 시박사의 포수경蒲壽庚의 조카로서 정화를 따라 항해하여 공이 커서 천주위진무가 되어 영산의 이슬람교 성묘를 관리한 사람이다.

동남의 해안에서 만나는 다양한 중국 종교

당 시대의 개원사開元는 이 도시의 3대 불사(佛寺는 "푸젠閩의 불국佛國"으로 불릴 정도로 유명하다. 이지의 시조 임여林閭의 부인은 독실한 불교도로서 "사찰의 건물을 잘 수리하게 하고 미타전彌陀殿을 지어 개원사의 회랑 서

취안저우 개원사

개원사 동탑

쪽에 금강상을 희사했다. 특히 48.2m나 되는 진국탑鎭國塔이란 동탑과 44m의 서탑인 인수탑仁壽塔은 개원사와 취안저우시의 상징이기도 하다. 고려 초의 현눌玄訥과 영조靈照 두 스님이 취안저우의 복청사福淸寺에 가서 설봉雪峰 스님 밑에서 불교를 공부하며 복청사에서 머물렀으니 취안저우와 고려는 불교의 교류도 활발했음을 잘 알 수 있다.

취안저우 시 청원산 아래에는 높이 5.63m, 폭 8.01m, 두께 6.85m의 현존하는 중국 내 최대 최고의 노자 석상인 노군암老君이 있다. 두 눈이 아주 깊어 눈동자가 보이지 않아도, 천하를 다 잘 본다고 한다. 송대의 이 노자상은 비상하게 자연적으로 생동하는 신선의 풍모와 도인의 골격을 가진 대표적인 예술 작품 중의 하나이다.

중국인들의 의식과 문화의 밑바탕을 이루는 도가사상의 성지이다. 이탁오 역시 노자에 대해 관심이 많았으며 그의 저술에는 노자의 사상이 많이 흐르고 있다. 자신을 "이 노자"라고 부른 것도 단순한 나이의 뜻만이 아니었을 것이다. 북방의 긴장된 유교의 정신문화에 비해 자유롭고 여유 있는 남방문화의 기풍이 짙게 풍긴다. 특히 남방 중국에서 민간신앙으로 인기 있는 관우의 사당인 관제묘 역시 생가 근처에 있는데, 이지가 비록 문인이지만, 평생 관우와 무武를 좋아했다. 1560년 부친의 상기로 고향에 왔을 때, 해안을 약탈하던 왜구와 집근처의 성을 지키는 공방

노군암

전에 직접 참여하였다.

한편 이지는 문에 비해 무를 지나치게 경시하는 성리학의 세태를 비판하였다. 그의 생각으로는 문과 무는 손등과 손바닥 관계이어서 결코 분리해서 생각해서는 안 된다는 것이었다. 그리고 그는 자신을 포함해서 딸과 며느리 등 온 가족이 이지를 따라 학문하던 장군 매국정梅國楨과 절친하였다.

그의 과부된 딸 매담연梅澹然과의 염문으로 이지는 마성 인사들로부터 심한 비판을 받아 그녀가 자살하는 등, 커다란 파란이 일기도 하였다. 학문과 인생에서 고독한 이지에게 매국정은 르네상스시기 이탈리아의 문인 단테의 베아트리체 였는지도 모른다. 이지는 매국정과 함께 손자의 병법을 해석한 『손자참동孫子參同』을 저술했다. 매국정은 임진왜란 중, 조선 원병 사령관 이여송李如松을 돕기도 했으며, 한편 이지는 병부시랑으로 오동을 순무하고 조선에 파병된 명군에 대한 군무를 총독 격려한 고양겸顧養謙, 1537-1604과도 절친하였으니, 조선의 임진왜란과 간접적인 관계가 있었다고 하겠다.

주희의 성리학도 푸젠성에서 집대성되었다

유학은 관학으로서 당시의 중국사회를 지배하여 교육과 과거는 물론 예절과 문화의 중심이며 기본이었다. 이지도 여기서 공부한 생가의 근처에 7세기에 건립된 취안저우의 부묘는 지금까지 무려 19차나 고쳐지었다. 취안저우 부묘의 앞 높은 패방에서 문묘까지 수백 미터인데, 그 사이에 오토바이와 이동상가가 즐비하여 문묘의 정숙과 신성을 해치는 듯도

하지만, 오히려 일반 민중과 친근해지는 긍정적인 면도 있다고 생각했다.

성리학의 집성자 – 주희

직사각형의 정남향 건물로 입구 정면 공자를 모신 성전을 중심으로 우측의 회랑에 교육 및 과거시험의 역사를 전시하고, 좌측 회랑에는 이 지역 출신의 역대 명사들 38명의 소상을 전시하고 있다. 그런데 평생 성리학을 공격한 이지가 주희와 함께 전시된 것은 매우 이례적이다. 한국에서 성균관이나 서원 등에 공자, 맹자나 주자의 사상학문 계열이 아니면 허용이 안 되는데, 유학의 종주국인 중국에서 오히려 한국보다 더 관용적이 아닌가? 현 사회주의 중국에서도 사상적 포용성을 생각해본다. 생가가 위치한 시 중심의 이성구鯉城區에는 주희가 5년이나 주부로 머물던 곳의 건물이 있고, 특히 절경의 푸젠성 무이산에는 주희가 10년이나 강학한 "남도南道 이학의 소굴理窟"이라 불린 전의 무이서원武夷書院인 자양서원紫陽書院이 있으니 취안저우와 푸젠성이 바로 주희 고향과 활동지로서 송대 성리학의 집대성지임을 말해준다.

2. 취안저우의 문물

1) 걸출한 인물들과 유명한 차의 고향

이지를 전후해서 취안저우에서 활약한 출중한 인물들이 많았다. 위에서 본 대로 비록 이지가 400년 전 주희의 성리학을 비판했지만, 13세기 주희의 성리학은 불교와 도교에 짓눌린 중국의 유학을 살리는 혁명적 사상이었다.

비록 운남 출신이지만, 15세기 중국사상 최고의 항해가 정화가 활약한 발자취가 천후궁이나 회교성지 등에서 보인다. 명대 해안을 약탈하던 왜구를 격퇴하는 데 명성을 떨친 유대유兪大猷와 척계광戚繼光 두 장군이나, 이지 바로 뒤에 출생한 명말청초의 대사상가인 황종희黃宗羲와 명조의 회복을 위해 청과 싸우다 타이완으로 건너간 정성공鄭成功 역시 이곳 사람이다. 이들 인물의 공통적 특징은 모두 매우 진취적이고 도전적으로 시대에 저항하면서 새로운 미래를 지향한 투쟁적 선각자들이었다.

한편 이 도시에는 샘 천泉 자를 쓸 정도로 물도 좋고, 차茶의 대명사가 될 정도로 중국뿐 아니라 차 마시는 사람들의 사랑을 받는 철관음鐵觀音의 고향이다. 절경인 푸젠성 무이산의 대홍포大紅袍가 이 지역의 자랑거리이다. 이 차를 마시고 황후의 병을 고친 황제가 너무 고마워서 자기가 입은 옷을 벗어 차의 나무에 입혀주었다는 흥미로운 일화가 특히 대홍포에 얽혀있다.

"날마다 너와 밥을 먹으니 그 동안 몇 종류인지 모르겠고, 매일 저녁 너를 잔에 부었으니, 그 양이 얼마나 되는 지 너에게 물을 수도 없고나"

라는 차에 대해 읊은 이지의 「다협명茶夾銘」에서 그가 얼마나 차를 사랑했는지 알만하다.

고구마와 찹쌀을 반죽해서 그 안에 참깨를 넣어 만든 쌀떡인 미과米菓의 맛이 일품이고, 물고기를 김밥처럼 둘둘 만 어권魚卷이나 석사첨과石獅甛果란 작고 동그란 과자도 미각을 만족시키는 이 도시의 특색 있는 음식들이다.

남방문화의 특징인 내향성으로 문학과 예술에 특출하면서도 환경에 저항하는 성격이 이지에게서도 짙게 보인다. 노자처럼 유교에 반대하여 자연을 주장한 점 등은 물론 진취성과 도전성으로 모험정신이 뛰어난 점이다.

이러한 남방문화의 저항적 기질과 다양한 종교의 분위기에서 이지는 외래문화를 폭 넓게 수용하였다. 그래서 중국의 관학인 유교의 위상은 그에게 북방의 학자들에 비해 여러 종교와 사상 중의 하나로 훨씬 덜 중요하게 여겨졌을 것이다. 그래서 성리학의 유교지배시대에 이지가 불교와 도교의 국내 신앙은 물론 이슬람교와 천주교 같은 외래 종교들까지 넘나들 수 있었을 것이다.

2) 혜안의 숭무고성과 사후의 금의환향

둘레 2,567m나 되는 혜안惠安의 숭무고성崇武古城은 대만 해협을 마주보는 중국 동남해안 왜구방어의 중요한 군사적 요새이다. 1567년 이곳에서 왜구를 방어하는 데 공이 큰 척계광의 비가 해안에 우뚝하다. 그의 왜구를 격퇴하는 전술을 쓴 『기효신서紀效新書』는 임진왜란 전후 조선에도 전해져 왜구방어에 유용하게 이용되었다. 명을 멸망시키고 대륙을 장악한 청에 대항해 정성공이 여기서 싸우기도 했다. 2015년의 전반 인기 있는 KBS의 역사 드라마 『징비록』에서도 명으로 부터 전래되는 『기효신서』와 훈련도감의 설치 등이 이곳과 관계된다고 생각한다.

특히 높은 이 고성 아래의 둘레에는 『수호지』와 『삼국지』 등 소설 주

숭무고성의 여인상

인공들이 여러 형태의 무술자세를 취하고 있는 석상이 늘어서고, 벌거벗은 여인의 석상도 적지 않아 중국문화로서는 매우 이색적이다. 이 지역의 남성들은 돌에 조각하는 데 특별한 재능이 있고, 여인들은 강인함이 특성이라고 하니 흥미롭다. 해안이어서 어업이나 전쟁으로 남편을 잃은 여인들이 생활을 위해 강인해진 것이 아닌가 생각되는데, 이것은 이지의 여성관에 영향을 주었을 것으로 보인다. 취안저우에서 왜구와 직접 싸우기도 한 이지는 혜안처럼 왜구와의 격전지에서 그의 시대가 안고 있는 명의 허점과 상황을 절실하게 이해하였을 것이다.

내륙에서 정착하여 농업에 종사하지 않았던 이지는 고향에만 연연하지 않는 바닷가 사람들처럼 정착 농업인들보다 고향에 대한 애착이 훨씬 적었을 것이다. 그래서 이지도 자주 자신을 "떠돌아다니는 나그네流寓客子"라고 불렀다. 아울러 평생 심취한 불교에서 사생관死生觀에서도 큰 영향을 받았을 것이다. 또 그가 좋아한 노자와 굴원屈原이나 당의 시인 이백李白 등 유명한 남방 문인들을 존경하고 그렇게 살았다.

29세에 고향을 떠나 관직을 맡은 이지는 부친과 조부의 두 차례 상기를 마친 후, 죽을 때까지 다시 고향에 돌아오지 않았다. 고향에서는 인맥에 얽혀 학문을 하기 어렵다고 생각한 그는, "고향을 지나치게 사랑함鄕愿은 덕을 해친다"는 공자의 경구와 "선지자는 고향에서 대우받지 못한다"는 일반적 지혜를 잘 지킨 것일까?

취안저우 시 중심지의 좁은 골목에 위치한 초라하고 작은 집은 그래도 단정하게 관리되어 작은 마당의 조그만 흉상이 찾는 사람을 맞는다. 아열대의 분위기가 물씬 풍기는 서호공원 입구에는 새로 지은 "온릉 장춘溫陵長春"과 뒤에 "두산탁절斗山卓絕"을 쓴 회색의 시원한 패방牌坊이 우리를 이지 광장으로 안내한다. 취안저우 시의 중심 도로명이나 음식점의 이름

이지국제학술회의

등에서도 그의 호이기도 한 온릉은 자주 보인다.

시원한 호수를 바라보며 푸른 숲을 뒤로 한 광장에서 이지의 흰색의 큰 석상을 만난다. 머리에 관을 쓰지 않은 채, 긴 도포에 양 손으로 문서를 잡고 깊이 사색하는 학자의 모습이다. 아직까지 보던 초상과 달리 세상을 부끄러워하는 선비처럼 아주 조용한 모습이다. 광장에서 기공의 솜씨를 뽐내는 젊은이가 앞을 응시하는 매서운 눈초리와 공격을 준비한 손끝에서 느껴지는 발사 전 긴장된 무서운 힘 같은 '기선機先!'! 시대와 치열하게 싸우던 이지의 모습과 같다고 느껴본다.

남안 용교리의 이지 기념사로 가는 길에 주황색의 무지개 문 위에 "이지 정신 계승"이란 환영의 글씨가 보인다. 이 기념사의 위에는 "이지와 동아문화 국제학술연토회의 완만한 성공을 축하"하는 현수막 아래 이지 기념사와 이씨 가묘의 간판이 보인다. 가묘에는 시조 오산군五山君과 이지가 모셔졌다. 수집된 자료들과 보도의 내용 및 방문자들의 붓글씨가 벽에 가득하다. 향불이 피워지고 마을과 이씨 문중의 큰 문화행사인 것이다. 기념사 밖의 건물에도 붉은 깃발과 풍선이 바람에 날린다.

이지가 1602년 타향인 북경 통주의 옥중에서 투쟁의 삶을 스스로 마감했지만, 그래도 오늘날 조용하고 풍치 좋은 북경 교외 퉁저우의 서해자 공원에 묘지는 잘 관리되고, 그가 마성에서 쫓겨나 잠시 머물던 하남의 황벽산에는 훌륭한 이지서원이 세워졌다. 마지막 임지인 운남성 요안현에도 동상이 세워져 그의 발길이 닿았던 곳마다에서 그의 자취를 찾을 수 있다.

이지기념사

2012년 허난성 이지서원에 이어 2014년에도 고향 취안저우에서 탄생 487년을 맞아 국제학술대회를 개최하고, 난안의 이지기념사에서 대규모의 '이지공원조성'을 계획하니 지금 그는 고향에서도 다시 살아 숨쉰다.

그러므로 이지가 비록 취안저우인이지만, 그는 이제 전 중국인이며, 한국과 일본 등 전 동아시아인이며, 또 소크라테스와 니체 및 루터와도 비교되는 세계인으로서도 우뚝하다. 생전에 쫓겨 다니며 고향에 다시 오

이지의 문화공원 설계도

지 않았어도, 지금 중국 도처에 그의 이름과 사상이 고향으로 넘쳐흐르니 그가 상상 못한 사후의 금의환향이 아닌가?

지금 이지기념사 관리위원회는 거대한 문화공원 조성사업을 계획하고 있다. 현 이지 선조의 기념사를 중심으로 남안 쪽의 고속도로에서 시원하게 일직선으로 뚫린 이지대도를 X자로 다양한 용도의 시설이 들어설 계획이다.

우선 북쪽 산 위에 거대한 이지 석조상이 세워지며, 그 아래의 현 소학교는 이지소학교로 이름이 붙여진다. 그 아래의 땅에는 민남閩南의 특색 풍모지구로 조성된다. 대도의 건너편에는 작은 광장을 통해 이지기념관으로 들어가는데, 그 앞에는 기념문화광장이 들어선다. 그 옆에는 드넓은 전원풍모지구가 설치된다.

거기서 고속도로로 나가는 쪽으로 석불고동과 개화사 사이에 경축행사慶典의 조그만 광장이 들어서고 그 우편에는 넓은 이지문화공원이 자리한다. 이 광장의 이지대도 변에는 여행 접대 서비스 센터旅遊接待服務中心가 설치된다. 규획된 이 용지의 총면적은 14.06공경Ha으로 도합 210.90무의 거대한 건설계획이다. 이지기념사관리위원회의 거대한 「난안 이지 고향 문화동산 건설계획」의 설계도면에서 웅대하게 완성된 그날을 상상해본다.

3. 이지의 사상적 고향, 용호서원과 지불원

1) 학문하던 옛터, 호북성 마성의 지불원

24년간의 관직생활

26세에 푸젠성의 향시를 거쳐 거인舉人으로 29세에 첫 관직인 하남성 휘현의 교유를 거쳐, 33세에 남경 국자감의 박사, 38세에 북경의 국자감 박사, 40세에 북경 예부사무, 44세에 남경의 형부 원외랑, 51세에 운남성 요안현姚安縣의 지부로 1580년 그의 마지막 관직을 끝냈다.

24년의 관직기간 중 두 차례나 부친과 조부의 상기를 마쳐야 했고, 고향에서 취안저우를 약탈하는 왜구와 싸우기도 했다. 그의 관직생활 중 두 딸이 영양실조로 죽는 고통과 강직한 성격으로 자주 상사와 불화하는 등 관직에서 역사에 남을 두드러진 업적을 남기지 못했다.

다만 어려서부터 바라던 학문의 길로 양명학을 만나고, 경정리耿定理·경정향耿定向 형제와 초횡 및 선배로서 나근계羅近溪와 왕기王畿도 만나 연구를 시작한 것을 큰 기쁨과 보람으로 생각하였다.

학문과 저술 및 토론의 '아카데미'

요안의 지부를 퇴임한 이지는 호북성 황안黃安 경정리의 형 경정향의 아이들을 가르치며 학문에만 열중한다. 그러나 교육과 삶의 근본 문제 등을 둘러싼 경정향과의 불화로 황안을 떠나 유마암을 거쳐 마성의 지불원으로 옮겼다. 지불원은 전통의 불사와 달리 종교의 의식보다 학문에

전념할 수 있는 서원 즉 아카데미이었다. 지불원에 대해,

> "많은 풀 가운데 가장 작은 잔디처럼, 보통 사람들의 불당이란 뜻으로, 절도 아니고, 암자도 아니며, 황제의 뜻으로 지은 것도 아니다"

라고 이지는 썼다. 이때 부인 황씨와 딸 부부를 고향에 돌려보내고, 수염만 남기고 머리를 깎았다.

시대를 뒤흔든 불후의 명저들

퇴임 후 자결까지 22년간의 학문과 저술은 그를 세상에 유명하게 했지만, 비난과 박해를 폭풍처럼 몰고 왔다. 그의 저서와 삶은 세속의 잣대와 통념을 전혀 겁내지 않고 거부했기 때문이었다. 그러나 그의 이 불행은 중국의 사상사를 위해서는 매우 큰 행운이었다. 이 기간 생산된 그의 저술은 『분서』와 『장서』를 비롯하여 『초담집』, 『도고록』, 『손자참동』, 『구정역인』과 수많은 비점 문학 본 등의 유학과 불교 및 도교, 문학, 역사, 주역, 병법 등 여러 분야에 미쳤다. 이 엄청난 분량의 저술은 장지엔예 교수가 주편한 26책이나 되는 방대한 『이지전집주』2010에서 만날 수 있다.

머리를 깎고 절에 머물면서도 스스로를 "가장 훌륭한 유자"라고 역설하는 이지는, "나의 도를 추구함은 배고픈 사람의 음식을 바라는 것처럼 절실한데, 공자와 노자의 학문을 가릴 겨를이 있겠는가?"라며 모든 가능한 사상을 폭 넓게 수용한다.

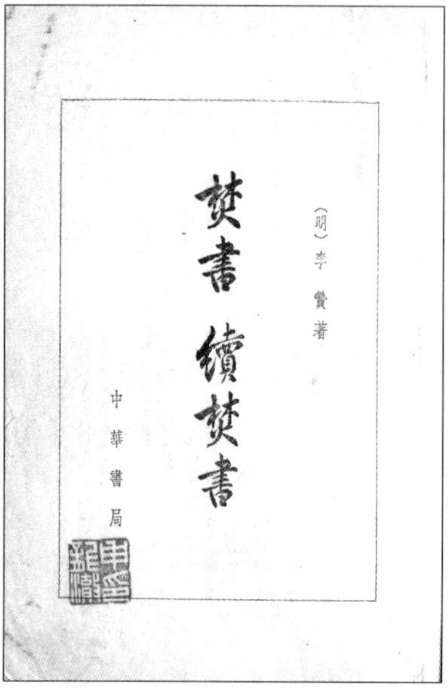

분서

읽고 태워 없애라는 책, 『분서』

64세인 1590년 시문집인 6권의 『분서』가 출간되었다. 서문에서,

> "내가 말한 것들은 근세 학자들의 고질을 건드렸으므로 그들이 나를 반드시 죽이려 할 것이니, 그러므로 나는 이 책을 태워 버리려 한다."

고 선언했다. 저자가 자기의 책을 태우라는 제목을 붙인 것은 아마도 동 서고금에 들어 본 적이 없는 일이다. 당대의 대학자 초횡은 이 책의 서문에서, "눈으로는 텅 빈 듯이 세상을 꿰뚫어 보고, 말은 곧은 창자直腸처럼 거침없이 쏟아냈다"고 평하였다. 그는 인간 최초의 마음인 동심을 잃지 말아야한다고 강조하면서, 『육경』과 『사서』 같은 유교의 경전도 태반이 거짓일 수 있고, 성인의 말이라도 때에 따라서 유용한 것이지, 만고불변의 진리가 될 수 없다고 단언하였다.

이 책은 유교에 대한 전면전 선언과 같아서 찬양하는 사람과 매도하는 사람들이 극과 극의 대조를 이루었다. 따라서 이 책으로 그는 이름을 세상에 널리 떨쳤지만, 또 그의 비극적 운명의 씨앗이 되었다.

읽고 감추라는 책, 『장서』

장서

73세이던 1599년 역사평론서인 『장서』 68권이 출간되었다. 『분서』가 전통적 유교에 대한 도전이라면, 『장서』는 수천 년의 역사서술과 시비에 대한 거부이었다. 800여 명 이상의 역대 인물에 대한 새로운 평가로 그가 갈망하는 미래사회의 지표를 설정하였다.

그는 "일천만 인의 적과 대치하듯 역사를 대하라"고 외치며, 공자의 시비만을 고집하는 중국사에는 올바른 시비가 없었다고 단정하였다. 따라서 그는, "상하의 수천 년 시비를 맨 눈으로 쉽게 볼 수 없다. 그래서 마땅히 산중에 감추어 두었다가 후세의 자운子雲, 揚雄같은 위인을 기다리게 한다."고 역사가의 엄숙한 사명을 밝혔다. 『장서』 「세기와 열전의 총 목차 앞에 논함」이란 서문에서, "책을 읽는 것은 독자 여러분에게 맡기지만, 다만 공자의 정해진 본으로써 상과 벌을 행하지만 않았으면 좋겠다"고 도전적으로 거침없이 선언하여, 독자들을 후련하게 했지만, 공자를 존숭하는 유학자와 동아시아의 세상 학자들을 놀라게 하여 자신의 불행한 최후를 더욱 재촉하였다.

2) 박해의 도피처에 이지서원

호북성 마성현 지불원 옛 터의 현재 모습

16세기 명 말의 사상가 이지의 퇴임 후 10여 년간 연구하고 강의하며 저술하던 그 시대의 학문적 중심지인 아카데미 지불원의 옛 터는 지금 어떤 모습으로 남아있을까?

모든 이탁오 연구자에게 항상 궁금한 문제이다. 우리는 학술회의가 끝난 후 마성을 찾기로 했다. 비교적 험한 산속의 길을 달리는데, 안내자의 말에 의하면 이는 이탁오가 1601년 지불원에서 황벽산으로 도피한 길을 우리가 반대로 가는 것이라고 한다. 계곡이나 산세가 험준한 것을 보며 당시 이탁오의 도피로가 순탄하지 않았을 것이라고 생각했다.

여러 차례 길을 물으며 이지가도李贄街道라는 표지판을 지나 두 시간이

이지대로

나 먼지 나는 길을 헤매다 힘들게 찾았다. 차가 달리는 동안 나는 이탁오가 『분서』에 쓴 대로 눈앞에 나타날 그 날의 지불원과 용담호 모습을 상상하고 있었다.

여기에는 만산에서 폭포가 세차게 흘러내려 못이 되었다. 못의 깊이가 10여장이나 되고 바라보면 깊고 푸르러 용이 잠자는 것과 같다. 못 중앙에는 한 주먹 같은 돌이 튀어나와 우뚝 뻗었고, 괴이한 돌이 돌출하여 이름을 낚시터釣魚臺라 하였다. 그 대의 위에는 한벽루寒壁樓가 있어 푸른 나무와 붉은 건물이 그 위에 숨어있어 바라보면 신선의 섬 같다.

못의 남쪽에는 용호사가 있고 북쪽에는 지불원의 다른 이름인 지불사가 있는데, 절을 지을 때 바위에 구멍을 뚫어 세 갈래의 모양으로 불상을 세웠다. 지불원은 산을 의지해 물에 임하는데 위아래의 두 건물로 나뉘었다. 위의 건물이 이지와 여러 스님들의 거주지이고, 아래의 건물은 이지가 학문을 강의하던 곳이다.

지불원 옆에는 이지가 사후를 위해 준비한 장골탑藏骨塔이 있었다. 지불원에서 먼 곳을 바라보면, '여러 산들이 숲처럼 울창하게 늘어서 있어 몇만 겹인지 알 수가 없다'고 이지는 당시의 지불원을 기술하였다. '이지가 이곳을 만년에 머무를 곳으로 선택한 것은 실로 그가 인생에서 일종의 자연과의 조화를 추구했다'고 생각했다.

자동차가 흙 언덕 앞에서 멈추는데, 사방을 둘러보니 차 안에서 그려보았던 명대의 용담호를 상상하던 그림은 그냥 한꺼번에 사라지고 말았다. 상상하던 것은 아무것도 없었다. 현재 눈앞에 산언덕 아래에는 층층의 농작지와 몇 그루의 드문드문한 가지의 작은 나무들만 있었다.

만력 28년1600 호광안찰사 첨사 풍응경馮應京과 마성의 지방관리들은 풍속과 교화를 해친다는 사리에 맞지 않는 죄명으로 지불원을 불태워 버렸다. 이지의 장골탑은 부서졌고, 아울러 이지는 법으로써 다스려져야 한다고 떠들었다. 이지는 그 제자 양정견楊定見의 도움으로 숨었다가 뒤에 하남성 상성현의 황벽산黃蘗山 중으로 피했다.

중국 5천 년 역사의 문화 영웅이며 한 시대의 최고 스승一代宗師으로 추앙받는 이탁오를 잉태하고 길러낸 지불원의 옛 터는 1600년 봉건전제 왕조의 음해와 탄압으로 이렇게 황폐되었다. 중국 근대의 사상사와 문화의 성지聖地가 되어야 할 지불원의 옛 터를 바라보며 안타까웠다.

낮은 산언덕의 지불원의 옛 터를 발견했는데, 극히 간소하며 지저분할 뿐만 아니라, 아래 위의 계단위에 사묘寺廟를 새로 지었는데, 구양법정歐陽法政 도사가 사비로 세운 것이라 한다. 그는 물론 이지를 알지 못했지만, 다만 경성京城, 北京에서 온 큰 관료가 옛날에 여기에서 살았다는 노인들의 말을 듣고 이 "용호서원龍湖書院"을 지었다고 했다.

그런데 사묘가 지어진 후에 그들은 가로지른 문설주에 '용호서원'이라고 썼다. 그러나 절 안에서 공양하는 것은 오히려 도교의 인물들이었으니, 구양도사가 이지의 "유교와 불교 및 도교가 모두 유교로 돌아간다.三敎歸儒" 주장을 알았는지 알 수 없다.

안에 들어가 보니 불교와 도교뿐 아니라 잡신을 모셔놓은 듯한 모습이 어지럽다. 입구에는 콩이나 참깨 등 추수한 곡식들이 어지러이 쌓여있고 벽이나 천정에도 부적 같은 글씨가 보인다. 계단을 오르니 그 위에 용호사란 절이 있다. 어지러운 절의 내부에는 잡신을 모신 듯하다. 불상인 듯도 한데 관우 상도 보인다. 이지의 「지불원에서 공자 상을 제목으로題孔子像於芝佛院」 아주 역설적인 글을 생각한다. 향을 피우고 불공하는 몇 명의 여승들도 보인다.

붉은 천 위에 만들어진 상은 좌우에 관우와 장비처럼 보이는 장군의 호위를 받는데 위에는 "묘수로써 봄을 되돌린다."라고 쓰여 있다. 말하자면 늙지 않게 한다는 방법일 것이다. 한쪽 구석에는 액자모습의 세 개의 조그만 스님 상이 있는데, 왼쪽에는 "심혁心焱 스님의 상" 오른쪽에는 "심정心淨 스님의 상"인데, 가운데의 작은 액자는 향로로 아랫도리가 가려 진 크고 둥근 얼굴의 촌로 모습이 보이는데 흥미롭게도 그 밑에 이지의 상이라고 썼다. 이들이 이지를 진정 어떻게 이해했는지 알 수 없다. 아미타불이나 '덕을 쌓아 선을 한한다'든가, '낳아 기르는 덕' 등의 글씨가 여기저기 질서 없이 흩어져 보인다.

그런데 한 액자의 「마성 조어대 묘의 서문」이 인상적이다. 우선 조어대란 용어가 이지 시대의 낚시터이기 때문이다. 그런데 내용은 이 용호사가 지방정부의 종교정책을 적극 지지한다는 내용으로 1995년 1월 22

옛 지불원 터의 용호사 불당

옛 지불원 터의 용호사 입구에서

일, 구양법정이 기꺼이 봉행한다 했으니 그는 이 절의 건립자로서 운영자였음을 말해준다.

새로 지은 사묘에 계단을 따라 내려가다 보면 용담호 바닥에 이르는데 매우 낮아서 흐르지 않고 물만 고였으니, 아무데서도 용담호의 옛 모습을 다시 찾아볼 수는 없었다. 좁은 석판으로 만든 작은 다리로 조어대에 이르렀다. 대臺가 비록 호수의 중앙에 있지만 윤곽은 아직도 분명한데 다만 규모가 협소하여, "푸른 나무에 쌓인 붉은 전각이 그 위에 숨긴 듯이 나타난다" 던 경치를 지금 생각하기는 어렵다. 다만 다행인 것은 대 중의 북측 하나의 큰 돌 사이에 凹자 형으로 쑥 들어간 3척 쯤 되는 앉는 의자 모양의 돌이 있는데, 이곳이 이지가 낚시질을 하던 곳이라고 한다.

돌 자리의 사이에 의지해서 이지가 쓴 「석담에서 즉흥으로 절구 4수를 읊다石潭卽事四絕」를 생각해본다.

강의하는 이지

어떻게 한가함을 얻어 낚시터에 앉을 것인가?
자연의 천성은 분명 범부가 쉽게 얻을 수 있지 않고,
예로부터 신선은 좋은 세상 만나기 어려우니,
관문을 향해 다가오는 기운을 바라본다.
만약 세상 사람들의 기쁨을 찾아 맞추려면,
쓸데없이 내 정신과 몸만을 괴롭힌다.
연래에 적막하여 사람들과 어울려 놀았더니,
다만 이 늙은 몸이 그저 거칠 것이 없구나.

이지는 그 때 가족을 고향에 돌려보내고 쓸쓸하게 여기에 살았다. 그리고 10여 년 이상이나 머물면서 그처럼 풍부한 계몽사상과 개혁정신의 저작들을 많이 쓰고 편찬했다. 그의 이 저작물들은 봉건 통치자와 도학가들을 예리하게 비판하고 부조리를 사정없이 폭로하여 자신의 안녕과 이익을 탐구하지 않았다. 세상 사람들이 좋아하는 것에 정신 쓰지 않고, 올바른 길을 정정당당하게 걸으면서 진리를 추구하며 두려움 없이 살았다.

복잡한 용호사 안의 짙은 향내를 뒤로하고 계단을 내려와 옛날 용담호가 있었을 하천으로 가보니 잡초만 우거지고 인적이 전혀 없이 큰 황소 한 마리가 여유롭게 풀을 뜯고 있을 뿐이었다. 400여 년 전 중국과 동아시아 학문의 열띤 토론장이던 지불원은 글자 그대로 풀밭이 되고 말았다.

이지가 낚시하던 조어대의 남쪽에는 멀리 산이 하나 보이는데, 큰 거북이와 흡사하고 머리는 동쪽이고, 꼬리는 서쪽이고 땅에 엎드려 있는 것과 같다. 서쪽에는 작은 산등이 있는데 아래위로 굴곡이 심하고 그 봉우리는 바로 파란 하늘을 가리킨다. 동쪽으로 가면 말라 버린 옛날 물길이 있는데 똑바로 멀리 하늘 끝까지 닿아있다.

그 북쪽 물가의 조그만 언덕을 사람들은 적벽赤壁이라고도 부르는데 조그만 굴이 있어 전설로는 이지가 책을 저장해 둔 건운동攓雲洞이라는 것이다. 그러나 협소하고 간소하며 누추하고 뒤의 사람들이 파서 만든 흔적으로 보아, 당시의 것이란 신빙성이 없다. 함께 간 최 선생이 그 안에서 스마트 폰으로 싸이의 강남 스타일을 크게 틀어 이지와 현대의 생각으로 흥미롭게 석양을 바라본다.

400여년의 시간 속에서 자연환경의 상전벽해뿐 아니라, 굴곡의 긴 역사와 한 시대의 사상사를 꽃 피우던 모습은 찾아보기 어렵다. 조어대 위에서 사방을 둘러보며 산언덕의 간소하고 초라한 석양의 용호사를 건너다보았다. 그 숱한 역사의 연기와 티끌烟塵과 인생의 무상이 동방 나그네의 마음을 매우 서글프게 한다.

단 1년도 안 되는 짧은 기간 화를 피해 머물던 하남성 상성현의 황벽산 법안사 자리에는 이지서원이 새롭게 건설되었는데, 10년 이상이나 학문과 교육 저술을 하던 마성현의 지불원은 왜 이렇게 황폐되었는지? 바로 400년처럼 역시 피난 중 보호받던 곳에서 서원이 세워지고, 쫓겨난 곳에서는 아직도 쫓겨나고 있는 것인가? 옛날의 지불원을 다시 지어 그 당시 이지학파의 모습을 다시 살렸으면 얼마나 좋았을까 하는 생각도 해본다.

이지의 대부분 저작은 마성 용담호에서 완성되었다. 그러므로 마성 용담호는 이지의 빛나는 가치의 중요한 정결과 기회 및 인연의 터를 육성한 것이다. 아쉽게 용담호에서 돌아오면서 이지처럼 위대한 철학자를 길러내 용담호 지불원을 사람들에게 많이 보여주어야 한다고 생각해 본다.

폐허가 된 지불원터

현재 마성시의 인민 정부는 이지를 기념하고 연구하기 위해 "중국이지 연구학회준비위원회"의 지지 아래 앞으로 이지가 살았던 용담호의 집을 다시 건축하는 것을 결정하고, 아울러 "창의함"을 만들어 사회 각계 인사의 지지를 얻기를 시작했다고 한다. 그래서 멀지 않은 시일에 옛 모습

"물은 깊고 푸르며 용이 잠자는 듯한 용담호수의 괴이한 돌들이
돌출한 낚시터 조어대, 짙푸른 나무들에 가려진 한벽루와 지불원"

을 다시 보았으면 좋겠다고 생각한다. 그때에 우리들은 여기서 명분과 허위로 막힌 울타리를 걷어버리고 곧바로 지나간 대 철학자 이탁오를 대하게 될 것이다. 그래야 우리는 반드시 역사에 대해서, 사회와 인생에 대해서 다시 한 번 깊고 예리한 경구와 심오한 삶의 진리를 만나게 될 것이다.

하남성 이지서원의 국제학술회의

2012년은 이지의 탄생 485주년이며 기신 410주년이고, 무념선사無念禪師가 이곳 황벽산에 법안사法眼寺를 지은 지 468주년이다.

법안사 전경

이지는 54세인 1580년 운남의 요안현 지부를 사임하고 황안으로 가서 친구 경정리의 형 경정향가에 가족을 의지하고 글을 가르치며 학문 연구에 전념하였다. 그러나 경정향과의 학문적 입장의 차이와 자제교육에 대한 불화로 천와서원을 떠나 유마암에 머물다가 1589년 63세로 부인과 딸 등 가족을 고향인 취안저우로 보내고 혼자 친구 주유당이 지어 준 마성현 지불원에서 독서와 강학 및 저술로써 그의 자유로운 학문과 토론의 꽃을 피웠다.

허난성 이지서원 입구

『초담집』과 『분서』 및 『장서』 등 그의 유명한 저서들이 대부분 여기서 출간되어 세상을 뒤흔들어 그를 유명하게 만들었는데, 동시에 그의 삶과 운명을 재촉하였다. 즉 『분서』의 출간 이후 경정향의 제자들과 충돌이 계속되고 『장서』 출간 후 1600년 호북성 안찰사 풍응경馮應京의 "용호사를 헐어버리고 그 추종자를 의법 처단"하여 이지는 양정견의 도움으로 황벽산 법안사로 피신하였다.

그는 여기서 "계곡물에 마음을 씻고, 온천에서 발을 씻는" 초탈한 마음으로 학문을 강하고 시문을 짓고, 역작 『구정역인九正易因』을 끝냈다. 75세인 1601년 제자 마경륜을 따라 북경 통주로 자리를 옮겼다.

하남성 상성현商城縣 황벽산黃蘗山에 민가가 없는 깊은 산 속 조용한 곳에 법안사를 다시 지었다. 지방정부는 이곳을 관광지로 개발하면서 그 옆에 이지서원을 세웠다. 이지서원은 홍콩의 재산가인 황도림黃道林씨의 투자로 5천여 평 언덕에 관광호텔 겸 현대식으로 잘 지었다.

2013년 우리 일행이 학술회의가 열리는 상성의 황벽산을 찾아 가는 길은 간단하지 않았다. 우리는 머무는 호텔에서 아침 식사 후 버스 편으로 이지서원으로 향했다. 가까운 줄 알았던 서원은 호텔로부터 멀어서 두 시간 가까이 걸렸다. 특히 인가가 전혀 없는 산속의 길로 버스의 운행이 편안하지 않았다. 11시경 그곳에 도착하여 서원으로 향하는데 앞에는 대나무와 메타세콰이어 숲이 있어 서원은 보이지 않고 우리를 환영하는 현수막만이 붉다.

현수막에는 이지 탄신 485주년과 서거 410주년을 기념하는 국제학술연구토론회에 참석한 귀빈을 열렬히 환영한다는 내용이다. 숲을 지나 작은 언덕을 오르니 앞이 확 트이면서 돌로 만든 패방牌坊이 나타난다. 패방의 위에는 '이지서원'이라고 쓰여 있다.

양쪽 기둥에도 아래로 이지를 상징하는 글들이 있는데 왼쪽에는 '하늘에는 사사로움이 없고, 대도는 반드시 뻗어 나간다.'와 오른쪽에는 '태우려 해도 남아 더욱 잘 감추어지고 더욱 빛난다.'고 쓰여 있다. 문을 지나니 양편에 꽃이 아름답게 피고, 세 개의 비석이 서있다.

앞의 단층 건물에는 문 왼편에 '이지의 정신을 계승하여' 오른쪽에는

'민족의 문화를 크게 드높이자'라고 쓰여 있다. 왼쪽에 있는 비 세 개중 오른쪽에는 간단한 글과 함께 인물이 그려져 있고 오른쪽에도 세 개의 비가 나란히 서있는데 세 번째 새까만 비에 흰 글씨로 "이탁오 선생 상" 이란 글씨 밑에 이탁오의 초상을 그려 넣어 아주 이색적이다.

그리고 중국 특유의 빨간 천에 "기념 이지 탄신 485주년, 기신 410주년 국제학술연토회"라는 글씨 아래, 세로로 둥근 원안에 이지의 초상이 있고, 그 아래는 중국 이지연구학회준비위원회 하남성 상성현 인민정부 황벽산 국가산림공원 이지서원이라고 쓰여 있다. 그 안으로 들어가 계단을 오르면서 검은 기와에 단층건물이 아주 아담하게 보인다. 여기가 서원의 본당이다.

그 안에는 이지의 커다란 전신의 상이 있고, 『이지전집주』와 『이지문집』 등 저서가 잘 정리 보관되어 있다. 특히 비림비공운동批林批孔運動 때의 자료들도 있어 독일에서 내가 석사 논문을 쓰던 때를 회상해 본다. 그 때 이 운동에 참여했던 사람들도 이 학회에 참석했으리라 생각하니 흥미롭다. 보통 우리나라나 중국의 서원에 공자의 상을 모시는 것과는 그 분위기나 내용이 판이하다.

그리고 그 도서관 같은 메인 홀의 바깥벽에는 이지서원이란 주제 아래 고문의 성원成員이라고 21명의 학자들의 사진과 이름이 쓰여 있다. 맨 윗줄에 설명 임계유任繼愈 위시한 3명, 다음 줄에 장지엔예 회장을 비롯한 6명, 셋째 줄에도 6명, 맨 아랫줄에는 홍콩의 조영량, 일본의 구구웅삼溝口雄三, 좌등련태랑佐藤鍊太郎 등이다.

네 번째는 내 사진과 경희대학교 사학과 교수라는 글씨가 있다. 그리고 그 옆에는 손월평, 그리고 마태래 교수가 보인다. 말하자면 이탁오 연구에 큰 성과를 올린 학자들의 이름과 사진이다. 평생 연구의 성과가 본

이지서원 고문들

고장인 중국에서 인정받아 보람을 느낀다.

옆방의 또 다른 홀에도 이지의 앉아있는 상이 보인다. 홀의 벽에 걸려있는 글들도 도가의 노자 등이 많이 보인다. 밖을 보니 산기슭에 붉은 현판에 황벽산, 이지서원은 학회에 참석한 전문가와 학자 등의 각급 영도인을 환영한다는 깃발이 휘날리는데, 황벽사의 절 모습이 깨끗하고 조용하다.

그 뒷산에 대나무가 무성하고 산등성이에는 풍력발전기 4, 5기가 보인다. 평지가 아닌 언덕에 지어진 이 서원에는 화담객사花潭客舍라고 쓰인 깨끗하고 훌륭한 건물이 보이는데 문이 굳게 잠겨있다. 그 옆으로 계단을 돌아 강당에 이르는데 이곳이 정심강단淨心講壇이다. 뜻으로 본다면 마음을 깨끗이 하는 강단이란 뜻이다. 이 앞에서 화담객사와 이지기념관은 서로 다른 쪽에 위치한다.

이곳이 우리의 학술회의 장으로, 새 건물이어서 아주 깨끗하다. 서원 안에는 서원의 개원을 축하하는 글들이 보이고 뒤편에는 "자유는 곧 예의"라고 하는 글씨가 매우 인상적이다. 입구의 문 홍살문 안쪽에서 보면, 기둥에 "천하를 혹란 시킨 담기"와, "천하에 문명을 드높인 이탁오"란 글씨를 장지엔예 교수가 썼다. 그 가운데 위에는 "밝은 마음으로 인간의 성품을 본다明心見性"가 새겨져 있다.

서원은 학문의 장이기도 하지만, 휴양지로서 객사로서 묵을 수 있게 만들어진 하남성 상성현의 문화 및 관광의 야심적 프로젝트인 듯하다.

이지서원의 정심강단

산골짜기에서 내려오는 물들을 모아 작은 연못을 만들고 또 흐르기도 하는 그 자연스러움이 아주 신선의 경지이다. 1600년 이지가 마성으로부터 축출되어 이곳에 이른 것은 이탁오 중심의 사상사로 보면 이슬람교에서 마호메트가 피신한 헤지라의 해를 위대한 기원으로 삼는 역사를 생각해 본다.

호북성의 경계에서 마성과 상성이 비슷하고 오늘날까지도 황벽산에 인가가 없는 것으로 보아 이탁오 시대에 얼마나 깊은 산중이었는가를 넉넉히 알만하다. 그래도 서원 옆에는 제법 큰 맑은 물의 호수가 보이니 절경을 더해준다. 이지서원의 현관 큰 글씨는 임계유가 제목을 정했다.

함께 간 최원호 선생이 스마트 폰으로 강남스타일을 들으며 춤을 추어 만장의 박수를 받았다. 아직 노인들은 잘 이해하지 못하는데 젊은이들은 환호하고 있었다. 계단과 자연스러운 돌, 소나무 등으로 잘 조화 정리된 서원은 참으로 자연속의 자유로운 이탁오의 성격처럼 시원하다. 최원호 선생이 가지고 간 추사의 세한도를 벽에 걸고 그 밑에서 장지엔예 교수와 황도림 서원장이 함께 사진을 찍었다.

호북성 마성의 작은 불사인 지불원에서 쫓겨난 이지가 이곳에서 “마음을 씻고 발을 닦는” 심정으로 『구정역인』을 저술했다. 학술회의장의 이름은 정심강단으로 강당 뒤의 “자유는 곧 예의”라는 글귀가 그날을 회상시키면서도 오늘을 생각하게 한다.

4. 북경 통주 서해자 공원의 이탁오 묘소

1) 통주의 옥중에서 자결

1602년 음력 3월 중국 북경 교외 통주의 봄날, 기력이 매우 쇠약한 70대 중반의 노인이 중죄인을 다루는 금의위의 감옥으로 잡혀 들어왔다. 걸을 힘조차 없어 문짝 위에 누워 혼절한 채로였다. 유학자의 관모를 쓴 것으로 보아 유자 같았으나, 머리를 깎았으니 꼭 스님이었다.

이튿날 그는 겨드랑이에 끼인 듯 대청 앞으로 질질 끌려 나와 차디찬 돌계단 위에 누운 채 혼미한 정신에서 깨어나면서 첫 심문을 받았다.

"선생은 왜 그리 못된 책들을 멋대로 많이 쓰셨습니까?"

심문관인 유수유劉守有는 빈정대듯 물었다.

"내가 참으로 많은 책을 썼고, 모두 세상에 전해지고 있습니다. 그런데 이는 모두 성인의 가르침에 유익할 뿐, 해로운 것은 전혀 없습니다."

쇠약한 기력에도 불구하고 마지막 힘을 다 한 듯 정신을 바짝 차린 죄인 이탁오의 거침없는 당당한 대답이었다. 성인을 어겼다고 탄핵되었는데, 성인에 어긋남이 없다는 피의자의 대답보다는 오히려 엄중한 주장이며 항의였다. 그것은 억설이나 역설逆說같기도 했지만, 그는 있는 힘을 다해 주장力說하며 자신을 방어하였다.

이처럼 심문관과 피의자간의 선문답 같은 법리적 사상논쟁은 만날 수 없는 평행선을 달리고 있었다. 평범한 한 심문관이 당대 최고의 사상가인 이탁오에게 어떻게 논쟁의 적수가 될 수 있었겠는가?

피의자는 윤 2월 23일 예과급사중 장문달의 탄핵으로 체포된 탁오 이지이었다. 그는 당시 76세의 고령인데다가 체력이 아주 쇠약해져 있었다. 그의 체포 당시 몸을 의탁했던 친구인 마경륜馬經綸이 당국에 대해 명쾌하고 간곡하게 탄핵의 부당함을 호소하고 탄원한 덕이었는지, 옥중의 생활은 비교적 무난하여 그 안에서 시를 쓰면서 시간을 보내고 있었다.

당국은 이탁오를 그러한 죄목으로 극형에 처할 수도 없었고, 그렇다고 석방 할 수도 없어 어사의 탄핵대로 고향에 돌려보내 감시하게 하는 원적치죄原籍治罪, 즉 가석방으로 분위기가 바뀌고 있었다. 이를 눈치 챈 이탁오는, "내 나이 일흔 여섯이며 평생을 객지에서 보냈는데, 죽으면 죽었지 어찌 고향으로 끌려가 세상의 웃음거리가 될 것인가?"라고 분개하며, 그의 삶을 끝내기로 결심하였다. 그 때 이지는 자기 곁에서 9년을 함께 지내며 학문을 한 친아들 같은 왕본아를 부모님을 만나보도록 고향에 보냈고, 그가 의탁했던 친구 마경륜은 이탁오가 기력을 회복하는 것을 보고 안심하고 부친을 보러 집에 갔을 때였다.

3월 15일 이탁오는 옥리에게 머리를 깎아 줄 것을 부탁하고, 그가 몸을 돌린 사이 면도칼을 뺏어 자신의 목을 찔렀다. 돌보는 사람이 빨리 칼을 빼앗았지만 피는 이미 이탁오의 온 몸과 바닥을 붉게 물들였다. 감옥의 관리는 황급히 그를 침상에 누이고 더 이상 목소리를 낼 수 없는 그에게,

"대사님스님, 아프지 않습니까?"

옥리는 당황하여 울면서 물었다.

"아프지 않다."

고 이탁오는 그의 손가락으로 옥리의 손바닥에 썼다.

"스님, 왜 스스로 목을 찔러 고통스럽게 자결을 택하십니까?"

옥리는 자기의 소홀함을 후회하며, 다시 물었다.

"내 나이 일흔이 넘었는데, 이제 무엇을 더 구하겠는가?"

이지는 옥리의 손을 잡아끌어 그의 손바닥에 그의 손가락으로 옛 시 한수를 썼다.

피투성이가 된 채 그의 몸부림은 3월 16일양력 5월 7일 자시12시-2시까지 2일간 계속되었다. 중국 역사상 창의성과 도전 정신이 매우 투철했던 치열한 사상가이며 순수한 최악의 사상범으로 탄핵된 이지는 이렇게 비참하게 그의 투쟁적 삶을 마감하였다. 그는 평소 훌륭한 '다섯 가지의 죽는 방법'을 말했는데, 결국 그 중의 하나를 선택하였다.

"즉 초나라 귀족의 장관으로 간신의 모함을 받아 쫓겨나 왕에게 바른 정치를 간하며 '이소離騷' 등의 유명한 작품을 남기고 멱라수에 빠져죽은 굴평屈平, B.C 332-295의 죽음이 천하제일의 죽는 방법이다. 그 다음은 전쟁터에서 용감하게 싸우다 죽는 것이다. 다른 사람에게 굴복하지 않으면서 의롭게 죽는 것이 그 다음이다. 한편 충성을 다하다가 모함을 받아 초의 오자서나 서한의 조조鼂錯처럼 죽는 것 역시 멋진 죽음이다. 그 다음은 공을 이루고 이름을 남겼지만, 진의 상앙商鞅처럼 죽는 것이다."

그의 생각으로는 지혜로운 사람은 이 다섯 가지의 죽음 중에서 어떻게 죽어야 할지를 선택해야한다는 것이다. 대장부가 세상에 태어남에도 그의 까닭이 있는 것처럼, 죽음에도 그의 맞는 까닭이 있어야하고, 무엇인가를 해 놓아야한다고 생각했다. 그리고 그는 결론적으로,

그러면 장차 어떻게 죽어야 할 것인가? 자기를 알아주는 사람이 없으니, 앞으로 그의 진정한 값어치를 알아주지 못하는 사람에게 자기의 분노를 보이면서 죽을 것이다.

이탁오와 교류했던 이태리 선교사 마태오 리치는 그의 죽음에 대해,

이지는 옥에 갇혀 적들의 웃음거리가 된 자신을 보면서 형부 관리의 손에 죽는 것만은 피해야겠다고 생각했다. 아니 그 이상으로 원했던 것은 제자들이나 적들에게 자신이 죽음을 두려워하지 않는다는 것을 보여주는 것이었다. 그래서 이지는 스스로 목숨을 끊어 적들의 음모에 종지부를 찍었다.

고 했다. 따라서 그의 죽음은 그 자신에게는 항상 강조하던, "협골의 향기"이며, "열사의 명성"이었고, 중국의 사상사에서 보면 16세기 점점 더 관료화되던 성리학에 맞서 싸우면서 죽어간 "지적 독립의 순교자"이었다.

비록 이탁오가 공자와 유교를 강력하게 비판했다고 비난받지만, '아침

에 도를 들으면, 저녁에 죽어도 좋다'는 공자의 이상을 가장 잘 실천했다면 역설일까? 이야말로 공자와 유교의 가장 중요한 실천의 덕목인 '한 몸을 죽여 인을 이룩한殺身成仁' 것이 아니겠는가?

그의 생애의 면도칼은 두 번이나 중대한 결정적 전환점을 마련해주었다. 1588년 그는 62세에 머리를 깎고 속세와 인연을 끊으려고 출가와 수도를 시작하였다. 그래서 유관을 벗어던지고 이단으로 버림받았고, 그 역시 그렇게 자처하였다. 그것이 학문과 구도를 위해 중요한 첫 번째의 전환기였다.

그리고 그는 마지막으로 감옥에서 면도칼로 그의 목을 찔렀다. 그는 항상 죽음 옆에서 죽음과 가까이 살았다. 그래서 그는 일찍이 영웅호걸의 멋진 죽음을 "협골의 향기와 열사의 이름"으로 찬양하면서,

> 영웅호걸은 분노를 토하지 않는다. 내가 목숨을 바칠 만큼 나를 알아주는 자가 없다. 나는 장차 나를 알아주지 못하는 자를 위해 죽음으로서 나의 분노를 토하리라.

고 예언했다. 이탁오는 역시 그렇게 죽었다. 죽음을 두려워하지 않으면서도 그는 항상 시대에 반항하고 새로운 시대의 유토피아를 꿈꾸고 있었다. 그것이 비록 천 백년 후에 올지라도.

이탁오의 제자로서 최초의 훌륭한 전기 『이온릉전』을 썼던 원중도袁中道는 그의 죽음을 "삶의 고통苦海으로부터의 해탈"이라 불렀고, 동창東廠 금의위錦衣衛는 황제에게 지은 죄가 두려워 먹지 않고 굶어죽었다고 상반되게 황제에게 거짓으로 보고하였다.

2) 어사 장문달의 이지 탄핵문

그릇된 도로써 세상을 어지럽히고 백성을 속였다고 1602년 예과급사중 장문달은 이탁오를 아주 중대한 사상범으로 황제 신종에게 탄핵하는 상소를 올렸다. 그의 죄상의 내용은 이렇다.

> "이지는 젊었을 때 관직을 역임했으나, 관직을 떠난 후, 만년에 머리를 깎고, 중이 되었다. 또 최근에는 『장서』, 『분서』, 『탁오대덕』 등 못된 책들을 간행하여 온 나라에 널리 퍼뜨려 인심을 혼란시키고 있다.
>
> 그가 쓴 책 속에서는 진의 재상 여불위呂不韋, 이원李園 등을 지혜와 꾀가 있는 「지모명신」이라 했으며, 진의 재상 이사李斯를 재능 넘치는 「재력명신」으로 높이 평가했다.
>
> 부모의 허락 없이 개가한 한대의 과부 탁문군을 가장 좋은 배필을 잘 선택했다고 했고, 「사마광론」에서 '전한 때의 재정 정책가인 상홍양桑弘羊이 한의 무제를 속였다'고 한 것을 가소롭다고 했다. 진시황을 '먼 옛날부터 가장 위대한 황제'로 칭찬했으며, 공자의 시비是非로 세상 시비의 표준으로 삼기에 족하지 않다고 했다.
>
> 그의 세상의 윤리와 법도에 거슬리는 행동은 하나하나 들 수 없을 정도로서, 또 크게 잘못됨은 물론 유교의 경전을 부정하여 그의 존엄스러운 가치를 훼손시키고 있다. 더욱 한스러운 것은 마성에 머무르면서 방자한 행동이 끊임이 없고 불량배들을 불사佛寺로 끌어들여 기녀들을 끼고 대낮에 같이 목욕을 할 정도로 문란했다. 사대부 집의 사람들과 그들의 처나 딸들을 암자로 끌어들여 불교의 법을 강의하고, 심지어 그의 이부자리를 가지고 들어오게 해 암자에서 자는 등 그 모습은 마치 미친 것과 같다.
>
> 또 최근에는 『관음문觀音問』이란 책을 썼는데, 이 『관음』이란 책에

나오는 여인들은 모두 사대부집의 처와 딸들이다. 뒤 따르는 어린아이들은 이 미치고 방자한 모습을 함께 기뻐하고 서로 선동 현혹시키기에 이르렀다. 심지어 남의 재물을 빼앗고 강제로 남의 부인을 끌어들여 함께 하는 금수와 같은 행동을 꺼리지 않는다.

그의 영향으로 최근에 그의 향신 사대부들 또한 염불에 골몰하고 중을 떠받들어 절하며 손에는 염주를 가지고 불교의 계율로써 방에는 묘한 상像들을 걸어놓고 불교에 빠져들어 공자의 가법을 존중할 줄 모르고, 불문禪에 빠져 들어가는 자가 왕왕 나오게 되었다. 더욱이 최근 들으니 탁오는 또 통주에 이르렀는데, 통주는 수도 북경에서 불과 40리의 거리에 있다. 혹시라도 그가 수도로 들어오게 되면 인심을 현혹시키게 되어 그가 오래 머물던 마성에서처럼 그러한 폐단이 계속될 것이다.

끝으로 장문달은 황제에게 예부에 칙령을 내려 통주의 지방관에게 이지를 고향으로 돌려보내 죄를 다스리게 하면 좋겠다고 황제에게 간청하였다. 계속해서 그는 북경과 남경 등 두 수도 지역에 격문을 띄워 각 성은 앞으로, 이지가 간행한 모든 서적을 찾아 간행된 것이든, 간행이 되지 않은 것이든, 다 태워 없애버려 후에 화를 없게 하면 세상을 위해서 크게 다행이겠다고 했다. 이탁오의 발자취를 되도록 지워버리려는 것이었다.

이것이 이탁오를 황제에게 공적으로 탄핵한 상소의 내용이다. 중국의 봉건왕조시대 사상과 문화에 대한 중대 범죄자에게 전형적으로 가해지는 “어지러운 도로서 감히 세상을 어지럽히고 백성을 현혹시켰다. 만력 신종황제는 정사의 게으름과는 달리 매우 신속하게 탄핵을 승인하는 비답을 내려,

이지가 앞장서서 감히 도를 어지럽히고 세상을 현혹시키며 백성을 속이니 특무기관인 동창, 어림 친위군인 금의위 및 수도의 5구역의 병마지휘사에 명하여 엄히 체포하고 그 죄를 다스리게 하라. 그의 책은 이미 출간된 것이건, 아니건 가릴 것 없이 소재지의 관사에서 하나도 남김없이 다 태워버리도록 하라. 만약 그를 비호하거나 숨겨주는 도당이 있다면 해당의 과科 및 담당 관리는 보고할 것이며 아울러 모두 죄를 다스리라.

이것이 바로 이탁오에 대한 공적인 처벌이고 정죄였다. 그리고 이처럼 황제의 비답이 빠른 것은 놀라운 일이거니와 특히 명 왕조의 법률인 대명률大明律에도 맞지 않았다. 중국의 3천년 역사에서 글의 화文禍가 자주 있었으나, 순수한 사상 언론에 의한 처형은 전례가 없는 일이었다. 평생 유교의 성리학을 맹렬하게 비판한 이탁오가 바로 「대학장구大學章句」의 서문에 주희가 말한 "혹세무민"의 죄를 받게 된 것은 참으로 기이한 인연이었다.

1602년 3월 3일 예부상서 풍기馮琦는 다시 황제에게 상소하여,

"황상께서 도급사중 장문달의 상소를 받아들여 이지의 혹세무민한 죄를 바로잡고, 그가 지은 책을 모두 불사르게 한 것은 사악을 물리치고 정의를 드높인 훌륭한 처사입니다"

라고 황제의 비답에 맞장구를 쳤다. 명말청초의 대사상가 고염무는,

"소인으로서 기탄없이 성인을 모독한 자 이탁오보다 심한 놈은 없었다"

고 최악의 언어로 평가했으며, 『사고전서』를 주편한 청 초의 사학자 기윤紀昀도,

> "먼 옛날로부터 전해오는 선과 악의 자리를 뒤엎지 않은 곳이 없었다"

고 혹독한 평가와 정죄를 통해 금서의 목록 속에 집어 넣어버렸다. 그리고 이것은 20세기 초 5·4신문화운동의 젊은 영웅들이 그를 다시 찾아낼 때까지 아직 꺼지지 않은 불씨로 역사의 잿더미 속에 파묻혀 있었다.

그에 대한 탄핵내용으로 가장 중요한 것은 당시 움직일 수 없는 국가이념인 공자의 시비표준을 부정하였다는 점이다. 진시황과 이사 등의 역사 인물들에 대한 그릇된 평가를 포함해서 탄핵문 3분의 1에 해당하는 내용은 그의 여성관이나 여성과의 음란한 생활을 지적하였다. 그리고 이러한 그의 죄상은 사실 거의 모두가 그의 저서에 의한 것이었으니 그의 불행은 가히 붓의 화筆禍이고 글의 화였다.

중국 역사상 한대의 왕충이나 당대의 유지기劉知幾처럼 공자와 유교를 공격한 사람들은 자주 있었지만, 순수하게 그 하나의 이유만으로 처형받은 사람은 오직 이탁오 뿐이었다. 이에 대해 근대의 채상사蔡尙思가,

> "근대사에서 담사동譚嗣同, 1865-1898, 이대교李大釗, 1989-1927 등의 위대한 사상가가 모두 진리를 위해 목숨을 바쳤다. 그러나 담사동은 공자를 존경하되 예교禮教를 반대했으나 변법變法을 주장해서 죽었다. 이대교 역시 마르크스주의를 전파하고 중국 공산당을 창립해서 죽었지, 공자의 예교를 반대하여 처형된 것은 아니었다. 그러므로 중국 역사에서 학술문제만으로 죽음을 당한 사상가는 이탁오

가 유일하다.”

고 한 것은 흥미롭다. 그의 역사인물평론서인 『장서』의 서문에서 역설하듯이 이탁오는 공자를 반대하기보다는 오직 공자만을 존경하는 치국의 관학을 반대하다가 죽었다. 하나의 이데올로기만을 강요하는 사회의 억압에서 벗어나라는 사상의 자유를 외쳤기 때문이었다. ‘공자’와 ‘공자의 존경’이 같아야 한다는 중국 사상계의 2천 년 고질을 제거하라고 외쳤기 때문이었다. 오늘날의 사회에서는 아주 평범하고 명백한 사실이지만, 그 당시로는 이단적이었고 아울러 혁명적이었다.

3) 북경 통주에 있는 이탁오의 묘

서해자공원의 이탁오 묘

가장 오래된 기록은 아마도 1635년 유동劉侗과 우혁정于奕正이 쓴 『제경경물략帝京景物略』일 것이다. 그런데 이탁오의 무덤에 관한 서술부분은 1635년에 간행되었던 원본이나 매우 초기에 재판된 책에만 들어있었던 것 같다. 뒷날 재판된 책들을 보면 목차에는 남아있지만 실제 내용은 빠져 있다.

이 책은 청대 『사고전서』를 편찬한 역사가 기윤紀昀, 1724-1805이 1766년 발행하여 알려진 책이 1957년 북경에서 다시 출간된 바 있다. 기윤이 발행한 책에도 역시 이탁오의 무덤에 관한 본문 내용은 빠져있다. 18세기 청의 건륭황제 시기에도 정통적 성리학자들은 이지와 같이 유교와 유가들을 비판했던 비정통적인 사상을 가졌던 인물에 관한 내용을 담은 저서의 간행을 꺼려했던 것 같다.

실제 본문에는 마경륜이 이지의 장례를 치르는 내용이 있는데, 그 때 이탁오 무덤 주변에 백 그루 이상의 백양나무를 심었다고 한다. 거기에는 두 개의 비석이 있는데, 하나는 당시의 유명한 학자로서 훌륭한 친구이자 후원자였던 초횡이 쓴 것이고, 다른 하나는 이지의 제자였던 왕가수汪可受가 쓴 것인데 현재는 남아 있지 않아 어떤 모습이었는지 알 수 없다. 또한 지금 남아있는 비석의 뒷면에 새겨져 있는 것에 대해서는 그 글에서 언급하지 않았다. 그 비문은 이지의 죽음을 슬퍼하는 여러 편의 시들로 끝난다. 시의 제목을 보면 이지의 무덤을 찾아왔던 사람들이 쓴 것이다. 그들은 태주학파와 접촉한 학자이자 관리였던 주여등周汝登, 1547-1692, 유명한 극작가 탕현조湯顯祖, 1550-1616, 오정烏程의 불승 진정眞程, 절강성 회계會稽의 진치안陳治安, 절강성의 진계굉陳啓浤, 유명한 화가며 서예가였던 왕택王澤, 1592-1652, 푸젠성의 지현방池顯方, 『제경경물략』의 공동저자였던 우혁정 등이다. 이들은 모두 이지의 절친한 친구였거나 이지를 존경했던 사람들이었다.

1774년에 나온 『일하구문고日下舊聞考』에서는 무덤과 그의 위치에 대해서 아주 간략하게 쓰고 있을 뿐이다. 1926년 9월 일본학자 스스끼 도라오鈴木虎雄가 이지의 무덤을 다시 발견하였다. 그는 비문을 탁본하고 그것을 『이탁오연보』 속에 실어 1933년과 1934년에 간행하였다.

이탁오 묘 탐방

독일의 중국학자 볼프강 프랑케Wolfgang Franke의 글 속에서 그가 통주의

베이징의 이탁오 묘지

이탁오 묘를 찾았던 이야기를 읽고 나도 그의 묘에 꼭 가보고 싶었다. 그런데 중국과 우리의 국교가 수립되기 전이며 천안문 광장의 민주화 시위가 있던 1989년 10월 나는 중국의 북경과 곡부 등지에서 거행되는 공자문화절 행사에 참가할 기회를 가졌다. 이어서 서안, 돈황, 계림 등지를 여행하였다.

나는 북경 인민대학의 갈영진葛榮晉 교수를 통해 이탁오 묘의 소재를 알게 되었고, 그분이 직접 안내해주었다. 그처럼 오랫동안 간절히 바랬던 소원이 이렇게 갑자기 이루어지게 될 줄은 생각하지 못했다. 농산물 등을 싣고 다니는 조그만 차를 타고 가며 북경 시내와 농촌을 보던 그 날의 느낌은 지금도 잊히지 않는다.

갈영진 교수와 함께 차를 빌려 서해자공원西海子公園을 찾은 것이 10월 5일이었다. 나는 그 때 처음으로 사회주의 중국을 방문했기 때문에 곡부

서해자공원

의 공자 묘를 찾을 기회가 없었으니, 유교와 공자를 비판했던 이탁오의 묘를 공자의 묘보다 먼저 찾은 셈이었다.

그 후 나는 2001년 여름 경희대 박물관의 중국문화답사단과 여행 중 북경에서 7월 17일 다시 이탁오의 묘를 찾을 기회를 가졌다. 이번에는 북경대학에 교환교수로 머물고 있는 철학과의 김수중 교수와 북경대학 사학과의 조영래 박사 및 경희대 국문학과의 이연의 선생도 함께 가게 되었다.

북경에서 타고 간 택시에서 내려 공원 앞에 서니 무지개의 아치처럼 보이는 서해자공원에 이른다. 공원 안은 비교적 조용하고 나무들이 잘 가꾸어져 있었다. 시원한 호수의 주변에는 숲을 이룬 백양나무들이 바람에 한들거린다. 호수 꽤 멀리 동쪽으로 원대에 지어진 높이 40m나 되어 보이는 8각 13층탑인 성교사의 연등탑聖教寺燃燈古佛舍利寶塔이 보인다.

확 트이게 펼쳐져 있는 잔잔한 호수를 따라 걸으니 그 곳에는 비석이 하나 서 있는데 통주가 현으로 승격된 것을 기념하는 것이었다. 이 통주는 대운하가 북경에 이르는 곳이었으니 이탁오가 체포되기 전까지 머물렀던 친구 마경륜의 관직이 바로 이 조운漕運을 담당하는 부서에 속한 것이었다. 통주는 운하의 끝이었으므로 이 높은 연등탑은 운하를 운행하는 사람들에게 목표지를 알리는 탑으로도 훌륭한 역할을 했을 것이다.

날씨가 아주 화창하여 버드나무 사이로 물빛이 더욱 무르익어 보였다. 고요하게 출렁이는 호수와 녹음이 짙은 나무가 어우러져 있는 모습이 한가로워보였다. 넓은 호수를 가로질러 다리를 놓고 그 위에 정자처럼 누를 세우고 지붕을 얹어 사람들이 여기저기 걸터앉아 푸른 호수를 바라보며 편안하게 쉬고 있었다.

또 몇 군데에서는 여럿이 모여 옛날식으로 표기된 악보를 펴놓고 중국

악기를 연주하고 노래를 부르는 모습들이 한가롭고 흥겨워 보였다. 사람들이 여기 저기 드문드문 모여 있었지만 공원이 상당히 넓어서 한산해 보였다. 호수 주변을 보니 중국 어느 곳에서나 흔히 볼 수 있는 느린 자세로 기공체조를 하는 사람들도 보인다. 이러한 모습은 지난 1989년에 왔을 때에도 마찬가지였다. 호수 가운데의 다리를 지나 주변을 왼쪽으로 돌아가면 호수 북편에 있는 이탁오의 묘역이 눈에 들어왔다.

호수를 뒤로 하고 북쪽을 향해 서서 보니 가로 즉 동서로 31m, 남북으로 71m여서 묘역 전체의 넓이는 약 240㎡가 되는 직사각형이다. 묘지를 향해 들어가는 왼쪽에 이곳이 이탁오의 묘역임을 알리는 표석이 서있는데 그곳에는 '북경시문물보호단위 이탁오묘'이다. 그것은 북경인민정부가 1984년 5월 24일 공포했으며 북경시 문물사업관리국이 1984년 9월에 세웠다.

그곳에서 조금 더 들어가니 세 개의 비석이 나란히 서 있다. 먼저 중앙에 '일대종사 이탁오선생지묘'란 비석이 있는데 이는 1983년 여름 세워졌고 특히 유명한 정치가였던 주양周揚이 삼가 제題를 붙였다.

그 왼쪽의 비석에서 이탁오의 묘를 두 번이나 옮긴 연유를 설명해준다. 그 내용은 묘지의 관리를 보다 강화하고 사람들이 쉽게 이 묘를 볼 수 있게 하기위해, 원래 마창촌馬廠村에 있던 비석을 대비림大悲林으로 옮겼다는 것이다. 그것을 1983년 10월 8일 통주의 인민정부通州人民政府가 서해자공원에 다시 옮겨 세웠다.

오른쪽의 비석은 이탁오의 약력을 간단하게 소개하는 것으로 이것은 통주의 인민정부가 1954년 10월에 세운 것이다. 중앙의 비에서 북쪽으로 폭이 좁은 9개의 계단을 올라가면 '이탁오 선생 묘'가 쓰인 비가 아주 산뜻하고 독특한 모습으로 서있다. 이 글씨는 이탁오의 가장 가까운 친구였으며 제자이기도 했던 초횡이 쓴 것이다. 그가 썼음을 알리는 '초횡제

焦竑題'라는 세 글자가 왼쪽 밑에 보인다. 비석의 뒷면에는 첨진광詹軫光이 쓴 글과 몇 개의 시가 새겨져 있다. 이 비의 높이는 4.5m나 되어 아주 위용이 있다. 비의 윗부분에는 섬세한 장식이 가미된 양식을 갖춘 지붕이 덮여있어 아주 우아한 품격을 갖춘 모습이다. 비 후면의 비문은 지워져 거의 알아보기가 어려웠다.

그 큰 비석의 북쪽에 이탁오의 묘가 있다. 묘는 그다지 크지 않고 흙으로 봉분을 올린 것이 아니라 검은 색의 시멘트로 발라 조성하였다. 마치 반달이 엎혀있는 모양과 흡사하다. 전체 묘역은 낮은 담으로 둘러싸여 있고 담장 안에는 부채 향나무와 꽃나무들이 심어져 있다. 부채 향나무가 제법 자라 묘와 묘비들을 그늘로 덮고 있다. 이탁오 묘 앞의 비석 옆에 서서 앞으로 탁 트인 서해자 공원의 호수를 바라보니 아주 시원하게 보인다. 쫓겨 다니면서 살았던 그로써 죽은 후에나마 편안하고 조용한 곳에서 있는 것이 그의 마음을 편안하게 해 줄 것이다.

함께 온 일행들도 철학과 역사, 문학을 전공하는 사람들이었으니, 나와 같은 입장은 아니라 하더라도 모두 이탁오를 알고 깊은 관심을 갖고 있는 사람들이다. 우리 동방의 한반도에서 온 진사들이 400년 전에 유교와 전통의 변화를 위해 투쟁하던 그의 묘를 찾으리라는 것을 그의 생전에 상상이나 할 수 있었을 것인가!

그가 오랫동안 머물렀던 마성의 용담호처럼 기암괴벽이 둘러서있고 폭포수가 떨어지는 적막한 곳은 아니지만, 그래도 대도시 주변에 있는 매우 한가하고 아름다운 곳임에 틀림없다. 통주의 북경인민정부에서 여러 사람들에게 보이기 위해서 마창촌에서 이곳으로 묘지를 옮겼다고 하니 이 또한 그에게 있어서 얼마나 다행한 일인가!

그가 살아서 쫓겨 다니느라고 발붙일 곳이 없었고 그가 쓴 책들이 어디다 둘 곳이 없어 태우거나 감추어야 했었는데, 이제 누구나 그의 책을 감출 필요도 없고 태울 필요도 없어졌으니 400년 후의 세상은 많이 달라진 것이다. 1954년 통주인민정부가 마창촌에서 천장하면서 묘 옆의 석갈石碣에 쓰인 글은 다음과 같다.

> 이탁오, 이름은 지인데, 취안저우의 진강사람으로 명대의 학자이다. 1527년세종 가정 6에 태어나 1602년신종 만력 30년에 죽었으니 76세이었다. 생전에 저서와 주장한 학설로서 『육경』과 『논어』 및 『맹자』 등을 배격하고, 유학과 명교의 전횡과 독단을 힘써 반대하여 봉건당권자들의 질시와 원한을 불러일으켜 그를 죽이거나 붓을 꺾으려 하고 온갖 요언謠言으로 그를 중상하였다.
>
> 최후에는 그를 그릇된 도左道와 미치광이 불자狂禪의 죄목으로 체포하여 감옥에 넣어 박해로 죽었다. 그의 유해는 친구 및 제자가 통주성 북쪽의 마창촌에 장례했다. 중앙위생부는 해당 지역의 땅을 사고 묘지를 건설하여 거기에 드디어 이장하고 그 비를 다시 세워 지를 붙여 그의 시말을 밝힌다.
>
> 통주인민정부 1954년 10월
>
> 이 글은 서해자西海子 공원에서 베낀 것이다

중화인민공화국의 정치가인 저우양이 쓴 비에서도 이탁오를 가리켜 '일대종사'라고 했으니 얼마나 그에게 영광스러운 일인가! 잘못된 도로써 민중을 현혹시키고 백성을 속였다고 체포되어 옥중에서 스스로 삶을 마감해야 했는데, 400년이 지난 오늘에 일대종사로 평가된다는 것은 그에게 있어서 더 큰 보람이 될 것이다.

초횡이나 유동성, 매국정 등이 '이지의 책이 황제와의 학문토론經筵에서 읽히거나 과거시험을 준비하는 전사들에게 중요한 교재로 쓰일 것'이라고 말한 것은 적중했는지도 모른다. 함께 온 사람들과 같이 이탁오의 묘와 비석의 옆에 서서 저 멀리 푸른 하늘에 유유히 떠가는 구름을 바라보니 400년 전 치열하게 투쟁적으로 살아가던 그의 모습이 눈에 보이는 듯하다.

중화민국 초기의 문인 주웨이지朱維之는 이탁오의 최후를 고대 그리스의 대철인 소크라테스의 죽음과 비교하며,

> "소크라테스가 젊은이와 지식인들의 우상으로 추앙을 받았지만, 국가를 해친다고 옥중에서 독배를 마셨고, 이탁오 역시 지식인과 젊은이들의 열정적 사랑을 받았지만, 세상을 어지럽히고 백성을 속인다고 통주의 옥중에서 자결하였다"

고 썼다. 그는 계속해서 말한다.

> 탁오는 비상하게 맑은 두뇌로써 16세기 중국인들이 그의 사상을 듣고 놀란 것은 이상하지 않다. 그것은 20세기인 오늘날에도 우리들을 계발해 주는 것이 매우 많다는 것을 깨달으며 이처럼 특출한 비평사상가가 그 완강한 사회에서, 가짜 도학이 횡행한 시대에서 어떻게 살아남을 수 있겠는가? 이에 그는 소크라테스와 같은 길을 걸을 수밖에 없었다.

그는 이탁오 묘와 그 주변에 심어져 있는 백양나무를 보며,

> 나는 현재 이 적막하고 고요한 어두운 밤의 푸른 등불 아래 서면, 아테네 교외의 아크로폴리스 산 위에서 소크라테스의 죽음을 슬퍼하는 에기나 섬의 성난 파도 소리를 듣는 것과 같다. 그래서 북경 통주성 밖 이지의 큰 무덤 주변 몇 백주나 되는 백양나무의 잎들이 이탁

오의 죽음을 슬픈 노래로 풍자하고 있는 것처럼 보고 듣는다.

라며 슬퍼했다.

3부

조선왕조에서 만나는 이탁오

이탁오의 책을 태워버렸어도 그 진리는 태울 수 없었다.
清朝焚却禿翁父 其道猶存不盡焚

불가와 우리 유가의 깨달음은 같은데 세상은 멋대로 떠드는구나.
彼釋此儒同一悟 世間橫議自紛紛

— 허균, 『을병조천록』에서

1. 이탁오의 사상과 조선의 실학사조

일반적인 개념으로서 실학實學은 실용적인 학문을 뜻한다. 따라서 이러한 용어는 어느 시대에나 가능하고 자주 쓰인 특별한 시기만의 용어는 아니다. 그런데 우리는 조선의 역사에서 임진왜란과 병자호란 등의 국가적 대위기를 거친 후 일어난 실사구시實事求是와 경세치용經世致用의 학문을 말한다.

조선왕조가 전란의 대위기와 격랑을 겪으면서도 일어난 일련의 극복활동을 민족의 자주적이며 실학사조 내지 실학으로 생각해본다. 이는 당연히 이미 사회의 학문, 즉 시국의 이념이나 관학 등에 대한 비판적 의미를 다분히 내포한다.

이러한 경향은 우리 자체의 자각에서도 가능하고, 외국으로부터의 문화와 사상의 영향이나 충격으로도 가능하다. 그러므로 당시 우리에게 영향을 주던 유일한 외국인 중국, 즉 명이나 청 왕조의 문화와 사상에 대한 탐구도 중요하다. 이 경우 오늘날 중국에서 말하는 명 중기 이래의 실학사조는 중요한 연구의 대상이 된다.

16세기의 중국 실학사조는 성리학에 대한 비판을 바탕으로 이성 즉 천리天理를 존중하여 인간의 정감情感을 경시하는 데 반대하였다. 개성을 존중하는 자유로운 사상과 문학을 중시하는 경향이 강했다. 이는 변화하는 사회구조와 특히 도시 및 상업의 발달을 대표하는 '자본주의 맹아'의 시기란 용어까지 등장했다.

이와 때를 같이 하여 지리상의 발견이나 종교개혁 이후 서양인의 동아시아 진출로 크리스트교와 함께 과학문명도 큰 역할을 하였다. 이태리 선교사 마태오 리치 등에 의해 전해 온 천주학 또는 천주교 역시 영향을 주었다.

이 외래 종교는 중국 역사상 불교와 마르크스주의에 비교될 수는 없지만, 사상이나 문화면에 커다란 충격으로 학문의 실용적인 측면에 상당한 영향을 주었다. 이러한 내적 외적인 격변의 시기에 형성된 사상과 문화는 명청의 교체기를 거치면서 고증학考證學이란 시대사조로 대륙의 대세를 바꾸었다. 따라서 저자는 특히 우리의 이 격동기에 이탁오의 사상이 어느 정도 조선의 실학이란 시대사조에 영향을 주었는가를 고찰해 본다.

물론 비록 매우 거대하거나 화려한 겉모습은 아니라도 상당한 정도 영향을 줄 수 있었다고 가정하면서 시도해 보는 것이다. 그래서 임진왜란 중, 그와 관계있는 명대의 인물이나 그의 임진왜란에 대한 많지 않은 기술이나 해양에 대한 사상을 찾아본 것이다.

그리고 특히 이탁오 당대 조선의 혁명적 자유인 허균을 중시하는 것이다. 이탁오 못지않게 과격하고 혁명적으로 자유를 추구한 사상가이자 문인이었기 때문이다. 이수광이나 박지원, 정다산 및 이건창 등의 실학자들도 약간 고찰한다.

아울러 이탁오와 전혀 관계를 가질 수도 없는 충무공 이순신을 끝장에서 역사의 가상으로 서술했다. 이는 역사적 사실이 아닌 가상假想이지만, 같은 시대의 이탁오와 이순신의 대화는 사상적으로 가능할 수 있겠다는 생각可想에서이다. 이 경우에도 나는 독일 철학자 야스퍼스의 말처럼 서로 아무런 연락이나 연관 없이도 같은 시대에 같거나 비슷한 길을 가는 "시대의 차축車軸, Achse"으로 생각하기 때문이다.

충무공 이순신이 이탁오의 영향을 받은 것은 아니지만, 적어도 인간의 지극한 본심에서 이탁오와 다를 바 없었다고 생각한다. 비록 반역으로 정죄되어 처형되지만, 이탁오의 영향을 받은 허균의 사상이야말로 그 후 표면적은 못되어도 내면적으로는 조선 실학의 모범이었다.

지봉 이수광이나 연암 박지원, 다산 정약용과 이건창에 이르는 사상의 맥락에서 차이는 크지만, 우리는 이탁오의 영향을 발견한다. 특히 『홍길동전』이나 『허생전』 등에서 우리는 근세 초기의 원시적인 시민정신을 발견하며 놀란다.

사람의 병에 따라 약을 처방해야 하는 것처럼, 모든 사상과 제도는 그 시대에 맞게 개혁되어야 한다因時變法고 이탁오는 주장했다. 그의 논리대로 하면 조선이 중국의 고전이나 제도를 무조건 따를 필요는 없는 것이다. 따라서 조선은 조선의 언어와 지리와 역사를 제대로 알아야 하는 실사구시와 경세치용의 자주적 정신을 가져야 한다.

이러한 차원에서 이탁오의 본래의 의도와 관계없이 우리의 조선에서는 자주적이고 실용적인 학문과 사조에 영향을 주게 된 것이다.

2. 이탁오와 임진왜란

1) 16세기 동아시아의 바다와 왜구

중국인들은 고대부터 동서양의 교통을 위해 낙타에 의지한 사막의 실크로드를 개척하였다. 한편 유럽인들은 고대부터 지중해를 중심으로 아시아와 유럽 및 아프리카의 문명과 접촉하며 전쟁으로 성장했기 때문에 해양문화가 아시아보다 더욱 먼저 발전하였다.

그리고 비록 동서양이 현대처럼 아직 서로 교류 상통하지 못하였지만, 독일 철학자 야스퍼스의 말처럼 "문명의 축軸"이 문화적으로 함께 전진한 것은 매우 흥미롭다. 1405년부터 중국 명의 항해가 정화鄭和는 1433년까지 7차례에 걸쳐 317척의 함선에 27,000여 명의 수군으로 아프리카 동북해안 소말리아까지 도달하였다. 93년 후인 1498년 콜럼버스가 불과 100여 명으로 신대륙을 발견한 것과 흥미로운 대조가 된다.

그러나 일찍이 그리스나 페르시아 및 카르타고와 로마 등의 해군과 같은 강력한 해군이 중세 유럽에서 성장하지 못한 것처럼, 동아시아에서도 마찬가지로 수군은 커다란 진전을 보지 못하였다. 이것은 특히 중국군이 전통적인 육군중심의 군대이었기 때문이다.

그런데 16세기부터는 동서양에 있어서 해군력의 형성과 성장은 괄목할만하다. 그의 선두는 유럽의 영국이며 동아시아의 일본이었다. 영국의 엘리자베스 I세가 해적들을 모아 강력한 해군을 양성하여 스페인의 무적함대를 격파하고 유럽을 제패하며 전 세계를 석권하는 기틀을 마련했다. 이 때 동아시아의 일본도 13세기 이래 조선과 중국의 해안을 약탈하여 황폐화시킨 왜구를 결집 강화하여 강력한 일본의 수군을 만들었다.

그 상징적인 역사가 바로 도요토미 히데요시의 대륙 침략 야욕으로 시작된 조선반도의 임진왜란이다. 이 왜란으로 조선과 명군은 물론 일본군과 약간의 서양 선교사들이 참전하고, 서양에서 전래된 조총이 신무기이었던 점은 그때까지의 전쟁과 다른 양상임을 보여 주었다. 즉 참가국이나 전술과 무기 등에서 국제적이고 세계적인 성격을 띠기 시작한 것이다.

여기서 일본 해군력의 증강과 중국·조선의 시대적 추세를 따르지 못한 낙후성은 결국 19세기 이래의 일본과 중국 및 조선 간의 현격한 격차를 가져오게 된 것이다.

이탁오의 왜구 항전

1560년 34세에 이지는 종8품인 남경의 국자감 박사로 자리를 옮기게 되었다. 명 왕조는 영락 19년1422년 수도를 북경으로 옮긴 후에도, 남경을 남부지역의 수도로 오부五府와 육부 및 국자감 등을 두어 북경의 5부 및 국자감 등과 함께 존속시켰다.

명초에 국립대학인 경사학교京師學校가 국자학으로, 뒤에는 국자감國子監, 그리고 다시 태학으로 바뀌었다. 국자감에는 전체를 주관하는 학장 즉 좨주祭酒가 있었으며 부교장인 사업司業이 있었고 가르치는 책임을 가진 교수, 즉 박사를 두었으니 이지의 직책은 종8품의 국자감 박사였다. 그러나 이지가 이곳에 부임한지 2, 3개월 만에 부친 백재공이 병으로 세상을 떠났으므로, 그는 고향인 취안저우로 돌아가 상기를 마쳐야 했다.

이 해 봄에 왜구들이 동남해안을 약탈하기 시작했다. 2월 왜구 6천 여 명이 조주潮州, 절강浙江, 강남 등을 약탈하는 소식이 전해졌다. 그러나 아

왜구와 싸우는 이지

버지 백재공의 별세 소식에 상기를 지키기 위해 고향으로 돌아갔다. 그때 바로 왜구들이 횡행하여 그 병화가 일어나고 있었다. 왜구는 여러 차례 취안저우를 약탈했다. 정월과 3월, 4월에 계속 들어와 집을 불 지르고 사람을 죽이며 취안저우 성 밑까지 도착했다. 특히 연말에는 왜구들이 멋대로 도시를 약탈하며 취안저우 성을 포위, 공격하였다. 이지는 낮에는 숨고 밤에만 2천여 리를 걸어 6개월만에야 겨우 집에 도착하였다.

그가 34세인 1560년, 집에 도착하자마자 왜구와의 전쟁이 벌어져 성 아래에서는 화살과 돌이 어지러이 날고 성안에는 식량이 떨어져 아우성이었다. 그는 어머니 없이 자라며 아버지에 의지한 삶을 생각하며 통곡했지만 장례를 치를 수 없었다. 그는 숙부와 동생 및 조카들에게,

> "지금 왜구가 침범하여 전 성의 노인과 백성들이 용감하게 적과 싸우고 있다. 이미 부친의 시신을 염하였으니, 우리들이 먼저 고향의 분들과 힘을 합쳐 함께 적과 싸워 적을 격퇴한 후, 다시 와서 장례를 치르는 것이 좋겠다."

라고 했다. 숙부와 동생들이 효의 중요성을 들어 반대했으나, "나라가 먼저이고, 그 다음에 가정"이라는 이지의 설득으로 함께 왜구와 싸웠다. 상복을 입은 이지는 매우 용감하여 마치 "흰 옷 입은 장군" 같았다. 상복을 입은 채로 동생과 조카들을 데리고 왜구에 대항해서 싸웠다. 당시 왜구의 침탈과 소요에 대해 명 정부는 너무 무능하였고, 동남의 연해 일대는 막심한 손상을 입었다.

1556년부터 1566년까지, 즉 24세부터 34세까지의 10년간 취안저우는 여러 차례 왜구의 침입을 당했으니, 1558년 5월, 1559년 3월에 더욱 심각하였다. 이러한 왜구의 계속된 침탈로 취안저우 일대는 여러 해 동안

농지가 풀밭처럼 황폐해졌고, 전염병이 성행하여 죽은 시체가 뒹굴 정도로 처참하였다. 이때 오랫동안 싸움이 계속되자 식량이 떨어져 많은 돈을 주어도 쌀과 곡식을 사기 힘들었다. 이것은 왜구의 해안 약탈에 대한 이지의 생생한 체험이며 기록이었다.

이탁오의 식구들은 30여 명으로 살아나갈 도리가 아득했다고 회고하였다. 이탁오는 이 시기 가족들의 생계를 위해 동분서주했었다. 사실 왜구의 약탈은 명나라의 해금정책과도 관계가 되는 것이었으니, 해안에 사는 사람들 중 외국과 통상을 해야 생계를 유지할 수 있는 사람들의 요구가 이들 왜구의 활동과 연합되기도 하였다.

36살 되던 1562년 그는 취안저우에 머물렀는데 이 해 대학사인 엄숭嚴嵩, 1480-1565이 실각하였고, 정치가 좀 더 나아지는 것처럼 보였다. 한편 그 때 유대유兪大猶, 1503-1579, 척계광戚繼光, ? -1587 등의 지휘 하에 왜구에 대한 공격과 방어가 효과를 거두게 되었다. 척계광의 왜군에 대항하는 전략서인 『기효신서紀效新書』는 임진왜란 중 우리에게 전해져 일본군 격퇴에 이용되었다. 취안저우의 근교인 혜안의 해안 숭무고성은 특히 왜구의 침입을 막은 싸움터에 척계광의 동상이 당시를 회상시킨다. 왜구들은 도처에서 약탈을 감행하여 많은 상처를 남겼다. 그는 어렸을 때부터 취안저우에서 왜구의 침략을 체험했고, 특히 부친의 장례를 위해 고향에 돌아왔을 때의 정신적 고통은 매우 심각하였다.

이탁오를 '16세기 중국 반봉건 사상의 선구자'로 불렀던 주지엔지朱謙之는 이러한 왜구와의 항쟁이 그의 사상 형성에 크게 영향을 끼쳤다고 주장했으나, 일본 학자들은 이에 대해 크지 않은 사건이었으므로 영향력이 별로 없었다고 반론을 제기하기도 하였다.

2) 임진왜란과 이탁오

이성량 李成梁,1526-1615

조선 출생으로 대대로 철령위의 지휘첨사이었으며 매우 영특하고 용감한 장군이었다. 만력 초 여러 관직을 거쳐 요동좌도독이 되었는데 싸우는 전쟁마다 이겨 그의 위세가 크게 떨쳤다. 요遼지방에 머문 지 10년에 방비가 해이하지 않았고, 다시 요동에 재임되었다. 이탁오는 그의 능력을 크게 평가하였다. 이성량은 조선 전쟁에 나가달라는 조정의 요청을 거절하고 있는 이여송을 질타 격려하였고, 이여송은 조선군 총사령관을 맡아 평양성을 탈환하였다.

이여송 李如松, 1549-1598

철령위 사람으로 이성량의 맏아들이다. 아버지 덕택으로 벼슬을 시작했는데 용감하고 잘 싸웠으며 아버지를 따라 어려서부터 군사를 익혔다. 만력 연간에 발배를 토벌하는데 성공했고 조선의 임진왜란 때 요동 총병으로서 조선군 총사령관이 되어 평양을 되찾았다. 뒤에 전쟁에서 죽었다.

구장유 丘長儒, 호 坦之, 1564

허균의 「이씨의 분서를 읽고讀李氏焚書」의 시詩 중, "구후가 나를 빈객의 예로 대하고, 기린과 봉황 같은 고매한 인격 직접 보니 상쾌도 해라"에서 구후는 구장유, 즉 구단지이다. 그리고 그는 이탁오와 아주 가까운 친구로서 1602년 황태자 책봉 건으로 사신 고천준高天埈과 최정건崔廷健를 따라 종사관으로 조선에 왔다. 그 때 조선의 원접사遠接使는 이호민李好閔으로 허균이 종사관이었다. 이때 구장유는 세상을 떠나기 한 달 전 병중의 이탁오를 방문했는데, 시 중에는 이탁오가 술을 마실 수 없음을 한탄하고 있다. 이탁오와는 『분서』와 『속분서』에 적지 않은 서신과 시 등이 수록되어 있다.

고양겸 顧養謙, 1537~160

호가 충암沖庵이고 남직예南直隷의 통주 사람이다. 가정 44년 진사가 되고 호부시랑을 거쳐 변방의 병비를 담당하여 우첨도호사가 되어 요동을 순무했다. 뒤에 호부시랑이 되었다. 이때 조선에서 임진왜란이 일어나자 사람들은 고양겸이 능히 왜구를 제압할 수 있다고 하여 병부우시랑으로 요동의 군무를 맡게 했다. 담기가 뛰어나고 매사에 지략이 뛰어났다. 그의 저서 중에는 『충암이 요동을 무마하는데 황제에게 올린 상소』 등이 있다. 고양겸과의 서신이나 시에서 이탁오와 매우 친근하였는데, 조선의 임진왜란과 관계된 부분을 찾아본다. 그의 시 속에 조선의 임진왜란에 대해 언급한 곳을 추려본다.

1597년 8월 일본이 전라도를 재침하고(정유왜란) 수도 한양을 핍박하자, 명 왕조는 형개荊芥를 총독, 양호楊鎬를 경리로 하여 마귀, 진린陳璘, 유정 등의 도합 14만으로 조선을 도왔다. 12월 양호는 마귀의 군으로 울산에 진격하여 왜적을 괴롭혔으나, 부산 등지에서 일본의 원군이 온다는 소식을 듣고 퇴각하였다. 만력 26년(1598년) 정월 명군 양호의 군대들이 흩어져 도망하니 명군이 대패하여 수많은 인명이 상실되고 조선의 조정이 크게 뒤흔들렸다.

이지는 『분서』의 시, 「요성을 지나며過聊城」에서, 당시 패전에 대해서,

....

발해 땅에는 새로운 군대가 들어서고, 중원은 모병으로 들끓는구나.

왜구는 두 개의 보병 부대인데, 조정의 대신들은 그 수가 얼마인가?

라며 지략 없는 당국자들을 비판하고 있다.

남의 왜南倭가 북의 침략자北虜처럼 무서운 침략자가 될 가능성에 대해 —탁월한 견해

임진왜란과 이탁오는 직접적으로는 아무런 관계가 없다. 그러나 그의 생애1527-1602의 노년이 임진왜란의 전 시기에 해당한다. 그가 저서 중 임진왜란을 말한 것은 『분서』와 『속분서』 등에 다른 인물 서술이나 지인들에게 준 시 등에 보인다.

그 중 대표적인 것은 『속분서』의 "「서쪽을 정벌하는데 대해 올린 상소」에 대한 후어西征奏議後語"에서 서부의 정벌이란 1592년 3월 옛 서하에서 일어난 발배哱拜의 반란을 명 정부가 9월에 진압한 것을 말한다. 『서정주의』는 그 진압에 공이 있는 마성 출신 이탁오의 친구 매국정梅國楨이 그 진압과정의 전말을 기록한 것으로 이탁오가 말미에 독후감을 쓴 것이다.

이 글에서 이탁오는 당시 명이 처한 두 개의 외환, 즉 서북쪽의 북로北虜와 남측의 왜구의 침입의 급한 일에 대해 대처해야 할 방안을 썼다. 그를 찾은 강소지방의 아는 사람인 유자명과의 대화에서, 유자명이 말한 그들 이민족의 침입에 대해 회유해서 무마하자는 그의 의견에 대해 이지는 그 위해의 격멸과 뿌리를 뽑아야 한다고 주장한다.

13세기부터 16세기까지 조선과 중국의 해안을 약탈하여 황폐시킨 피해는 실로 엄청나다. 1555년 그가 직접 목격한 4천 명이나 살상된 왜구의 남경 약탈 이래 당국이 회유로 무마하려는 방법을 써서 왜구의 계속 확대되는 피해를 막지 못한 것을 비판한 것이다.

왜구의 문제로 도요토미 히데요시가 1588년 해적취체의 영을 내려 내부 단속을 강화한 것이다. 중국 서하의 난 당시 왜구가 잠잠한 것은 바로 도요토미 히데요시가 그 다음 달에 16만이란 대군을 결속하여 조선과 명을 침략하기 시작했기 때문이다. 이 시기 이탁오가 북로를 급한 일로 판단한 것은 아주 정확한 것이다. 만주족의 한 수장인 누루하치는 1583년 군사를 일으켜 청 제국 건립의 기초를 닦았다.

아울러 도요토미 히데요시의 군대가 북경까지 침입하려던 왜구는 북로와 마찬가지로 매우 위험한 문제였다. 이탁오의 친구로서 서하의 난을 평정한 장군 매국정梅國楨을 높이 평가한다. 그리고 역시 이 난을 진압하는데 큰 역할을 한, 임진왜란 당시 중국원군의 총사령관 이여송보다 부친 이성량의 능력도 높이 찬양한다.

조정으로부터 조선 출병의 요청을 두 차례나 거절한 아들 이여송을 질타 격려하여 조선에 출정하도록 한 것은 그의 아버지 이성량이었다. 이렇게 보면 이탁오는 의외로 임진왜란과 간접적인 관계가 있는 셈이다.

그는 일본 침략에 대한 명 제국의 허술한 준비에 대해서,

> "지금 왜구들이 부산에 집결해 진을 치고 있는데, 그들은 십 년이나 합심하여 국력을 키우고 십 년 동안 병사들을 훈련시켰으므로 가만히 앉아서도 조선을 제압할 수 있노라"고 떠든다고 한다. 오늘날

우리는 조선을 원조하느라 중원과 변방이 모두 비어있는 상태이다. 바닷길과 육로를 모두 동원해 물자와 인원을 수송하지만 팔 년 전쟁은 아직도 끝나지 않았다"

고 지적 비판하였다.

3) 해적 임도건과 시대비판

임도건은 명 중기 푸젠성과 광동의 근해에서 30여 년간 종횡무진으로 활약한 취안저우 출신의 해적이었다. 성과 고을의 관리는 물론 중앙에서 그를 토벌하려고 파견된 사법부의 수장이나 군의 지휘관이 오히려 그에게 자주 잡혀 죽었다. 그는 동남아 해안은 물론 태국 지역 등에도 왕래하며 스스로를 왕이나 패권자로 불렀지만, 사람들은 그를 따르며 배신하지 않았다.

임도건이 이지와는 물론 우리의 주제와 직접적인 관계는 없다. 그런데 임도건이 이 시대 바다에서 크게 활동한 해적이고, 이탁오가 그의 능력과 해상 활동을 높이 평가한다. 더욱이 인재를 제대로 등용하지 못하는 그 시대, 즉 명 왕조의 무능과 부패한 관료사회의 모습을 신랄하게 공격하고 있어 좀 길게 인용해 본다. 이러한 임도건에 대해 이탁오는,

"그의 재주와 식견이 보통을 뛰어넘고 담력과 기상이 많은 사람을 압도하는 것은 말하지 않아도 잘 알 수 있다"

며, 임도건이 20분의 재능과 20분의 담력과 20분의 식견이 있다고 칭찬

한다. 이탁오는 이처럼 유능한 사람을 조정이 내버려두고 쓰지 않는다고 분개하였다. 만일 조정이 그를 군수郡守로 임용한다면, 강병 30만을 대적할 수 있다고 극찬하였다. 이탁오는 계속해서,

> "무릇 옛날부터 식견이 있다는 사람은 세상이 그를 알아주지 않고 시대가 그를 용납하지 않기 때문에, 어떤 이는 질그릇을 굽거나, 혹자는 백정이나 술파는 장사치가 되어야 했었다. 그렇지 않으면 깊은 산속이나 거칠고 넓은 들판으로 나아가 인간의 세상에서 그의 종적을 감출 뿐이니, 우리는 그 임도건가 200 퍼센트20分의 식견을 가졌다고 말해도 옳을 것이다."

만약 국가가 그들을 등용하여 군수나 군정이나 대권을 잡은 영윤令尹의 벼슬을 시킬 수만 있다면

> "이들이 어찌 용맹한 30만의 군사를 감당하지 못하겠는가? 또 만약 그들을 등용하여 호랑이처럼 용맹한 무신으로 키운다면 변방의 일은 그들에게 맡길 수 있으니, 사방의 국경을 지킬 조정의 근심은 절로 없어질 것이다. 온 세상의 시비가 뒤집힌 탓에 호걸들이 불만과 한을 품게 하고 영웅은 쓰여질 곳이 없는 슬픔을 느끼게 한다면 이는 그들이 도적이 되게 하는 것과 다름이 없다."

고 하면서 그와 비교하여 당시 조정의 무능한 유교의 관리들을 아래와 같이 통쾌 신랄하게 비판하였다.

이탁오의 당시 유교사회에 대한 비판은 매우 신랄하여,

> … 아! 평소 아무 일도 없는 듯이 편안하게 그저 얌전이나 빼고 고

개 숙이면서 하루 종일 단정히 앉아 흙으로 만든 인형과 같은 사람들을 두고 잡념을 일으키지 않아 진실한 대성인, 큰 현인으로 칭찬한다. 그러나 일단 놀랄만한 큰 일이 생기면 서로 멍하니 얼굴이나 쳐다보고 사람의 낯빛이 사라질 뿐 아니라, 심한 경우에는 서로 책임을 떠넘겨 명철보신明哲保身한다고 생각한다.

따지고 보면 국가에서 원래 이런 놈들만 골라 등용한 탓에 막상 어려운 일을 당해서는 쓸 만한 사람이 없는 것이다. 또 재주와 담력과 식견이 있는 사람들을 내치고 임용하지 않거나, 그들이 관료가 되는 길을 엄격히 제한하여 천하를 어지럽힐 인물로 간주해 버리니, 이러한 상황에서 도적이 되지 않을 수 없다.

라고 하였다.

이탁오의 해양관

당대의 관료나 지식인들이 바다에 관한 관심이 거의 없었던 데 비해 탁오는 상당한 관심을 보여준다. 임도건 같은 해적의 괴수를 임용해야 한다고 주장한 것은 실로 파격적이었다. 이는 임도건의 재능을 높이 평가한 동시에 유가들의 무능을 대비시킨 것이다. 그를 군수나 관리 등으로 임명하면 국가의 이익에 커다란 도움이 될 것이라는 그의 탁월한 견해는 그 당시 뿐 아니라 어느 시대에나 통치자들에게 귀중한 교훈을 주기에 충분하다.

그리고 종횡무진으로 거리낌 없는 그의 자유로운 사상의 폭을 상상할 수 있다. 영국의 엘리자베스 I세1533-1603가 해적들을 모아 영국의 막강한 해군력을 길렀던 지략을 우리는 잘 안다. 마찬가지로 왜구를 집결시켜 강력한 일본의 수군으로 편성하여 동아시아 대륙침략의 야심을 성취하려던 도요토미 히데요시의 야심적 지모를 발견한다. 따라서 그는 종교개혁의 유교비판뿐 아니라 점점 중요해지는 바다의 세계사란 시대조류를 간파하고 있었던 것이다.

이탁오와 조선의 허균

삼국 시대부터 고려 말까지 우리나라의 가장 중요한 신앙이던 불교가 조선왕조에 들어와 배척되고 새로이 유교가 치국의 이념이 되었다. 물론 삼국 시대나 고려시대에 유학이 수입되지 않은 것은 아니었지만, 조선시대처럼 부동의 국가이념으로서 정치와 교육 및 사상과 윤리에서 절대적인 영향력을 가진 적은 없었다.

이것은 물론 중국의 송대에 확립된 성리학이 원대를 거쳐 명대에 와서 확고하게 국가의 이념으로서 정착한 것과 밀접한 관계를 갖는다. 이 조선 전기의 유교는 건국 이래 200년을 지내면서 지나치게 강화되어 포용성과 자율성을 상실하고 사상과 문화의 경직성을 보이기 시작했다.

그러나 국가멸망에 직면했던 임진왜란이란 대격동을 거쳐 성리학의 경직성에 대한 반동도 일어나기 시작했다. 물론 이러한 사상적 움직임은 중국에서 주자학에 대해 일어난 양명학의 영향과도 관계가 깊다.

이 첫 사상의 투쟁이 바로 문인이며 정치가이고 혁명가인 허균에서 시작된다. 그는 중국 양명학의 영향을 받고 특히 그의 가장 과격한 사상가 이탁오의 영향을 받으면서 정치활동과 사회비평 및 문학작품으로써 투쟁을 전개하다 처형되었다. 그의 충격과 파장이 너무 커서 양명학이나 반 성리학적 사조의 보편화가 어려웠던 조선의 후기에 이러한 사상은 보다 부드러운 실학의 사조로서 지하수처럼 진보적인 학자와 사상가들에 의해 계승 발전되었다. 이에 저자는 허균의 사상과 그 후 실학사조로 연결되는 이수광이나 연암 박지원, 다산 정약용 등의 실학사상과 이탁오 사상을 연결하여 살펴 볼 것이다.

4) 허균의 생애와 사상

허균과 그의 생애

허균

명 왕조는 16세기 말에 이르면 내부적으로는 정치와 사회, 경제 및 문화의 해이와 혼란으로 사회적 기강이 무너지고 있었고 사회를 유지하던 관학인 주자학이 점차로 그의 창의력을 잃고 새로 일어난 양명학의 도전을 받았다. 이 양명학은 철학과 문학, 예술 등 사회 전반에 걸쳐 그의 영향력이 큰 사상적 조류이었다.

이러한 양명학은 16세기 초 이미 조선에 전래되기 시작하였다. 그러나 다른 학문과 문화에 비해 조선에서는 매우 어렵게 그리고 느리게 수용되어갔다. 표면적으로 성리학, 내면적으로는 양명학이거나, 또는 주자학이 양명학의 영향을 받는 심학의 성격을 띠면서 18세기에 겨우 강화학파를 형성하는 하곡 정제두鄭齊斗에 이르렀다.

그런데 조선이 임진왜란으로 대 위기를 겪는 동안 중국의 양명학을 접하고 그를 실천에 옮기는, 즉 양지를 생활에 실현하는良知現成 데 놀랍도록 투철하였던 문인 혁명가 허균을 발견하게 된다. 허균은 당시 직접 사신으로 중국의 명을 왕래하면서 양명학을 접하였고 특히 과격한 사상가인 이탁오를 존경하며 그의 사상을 수용하였다.

그러한 결과로 그는 사회의 부조리를 비판하고 개혁하려는 혁명을 시도하다 그의 삶을 희생했고, 그의 대망과 이상을 그린 우리나라 최초의 한글소설인 『홍길동전』을 남겼다. 이러한 점에서 허균과 중국 이탁오의 개혁사상을 비교해 보는 것은 16세기 양국 간의 문화를 비교해 보는 것 외에도 양명학이 우리에게 전해지는 하나의 형태를 찾아볼 수 있어 의의가 크다.

허균은 1569년 아버지 허엽許曄, 1517-1580과 후취인 강릉 김씨 사이에서 강릉에서 태어났다. 그의 형 허봉許篈, 1551-1588 및 누이 허난설헌許蘭雪軒, 1563-1589 등 역시 당대에 문장으로 이름을 떨친 수재들이었다. 아버지인 허엽과 허봉, 허성許筬, 1548-1612의 두 형이 모두 문과에 급제하고, 대사헌과 경상감사와 병조와 형조의 판서를 거친 관료와 문인의 거족이었다.

허균은 어려서 재상이었던 유성룡柳成龍, 1542-1607에게서도 글을 배웠고, 스승 손곡 이달蓀谷 李達, 1539-1612의 문학적 영향을 많이 받았다. 봉은사에서 사명대사 유정惟政, 1544-1610을 만나 사귀었다.

사명대사의 사후 허균은 『사명대사집』 서문에서

"스님의 시는 사림(詞林, 문단)에 전파되어 칭찬을 받았고, 스님의 공은 국가를 거듭 회복하는 데 있었으며, 스님의 도(道)는 역시 석가 여래의 경지에 들어갔다."

고 스님을 높이 평가했다. 허균은 특히 사명당에 대해,

"그의 시문은 가히 부차적인 일에 지나지 않고, 그의 재주가 족히 어려운 시국을 구제할 만한데, 아깝게도 불문에 발을 들여 놓았구나!"

여러 차례 문과에 급제하여 승문원의 사관으로부터 병조좌랑, 호조참의를 거쳐 형조판서를 역임했다. 특히 몇 차례 명의 사신을 접대하거나 3차례 사신으로 중국에 가서 문인들과 교류하며 새로운 문물을 체험하고 또 서적 등을 수입하였다.

항상 새로움을 추구하던 그에게 그 시대의 유일한 외국이며 지적인 원천이었던 중국과의 교류는 그에게 큰 영향을 주었다. 그의 형 허봉은 중국 사신으로, 허균 역시 직접 중국에 갈 때마다 많은 서적을 사왔는데, 그 중에는 당시 조선에서 수용되기 어려운 내용의 책들도 많이 있었던 것으로 보인다. 그는 유교사회의 관료로서 성리학이 배격하는 불교의 염불과 참선으로 비판을 받았으며, 도교 등에도 관심을 가졌고 심지어 천주교의 기도문과 서양의 지도를 들여오기도 했다. 한편 그는 천재적인 시인으로서 많은 시를 남겼을 뿐 아니라, 우리나라 최초의 한글 소설인 『홍길동전』을 써 문학사상 불후의 업적을 남겼다.

허균은 이미 그의 소설인 『홍길동전』에서 보여주듯이 임진왜란 이후 처참한 사회현실과 특히 축첩 등의 심한 여성차별이나 부패한 계급적 양

반사회의 모순을 지적하고 분개하여 공격하였다. 그러나 그의 시대와의 불화는 결국 그 자신을 혁명가로서 죽게 했다. 왕조를 전복하여 사회의 모순을 제거하려던 그의 시도는 실패하여 결국 무참하게 역적으로 처형되고 말았다.

허균과 이탁오의 지적인 만남

이지는 1527년중종 22년에 태어나서 1602년선조 36년에 죽었고, 허균은 1659년선조 2년에 태어나서 1618년광해군 10년에 죽었으니 34년간 같은 시대에 살았다.

한편 임진왜란을 전후해서 조선에 파견되었던 명의 사신들을 통해서 허균은 이지에 대해 들었을 것이다. 즉 한림원 출신의 문관이거나 도학에 조예가 깊은 인사들이 사신으로 왔는데, 대다수가 강서, 절강 및 상광湘廣 등지 출신으로 양명학과 명대의 심학과 관련 깊은 지방의 출신이었다. 이러한 점에서 허균에게 큰 영향을 주었던 사람들이 이지에 대해서 이미 알고 있었던 인물들이다.

또한 허균은 선조 30년1597에 사신의 일행으로서 중국을 여행하였는데, 이 시기는 이지의 활발한 지적 활동의 시기였다. 다시 광해군 6년1614과 8년1616에도 중국에 사신으로 파견되어 상당한 시간 머물면서 수천 권의 책을 사왔으니 이탁오에 대해 많이 듣고 그의 저서를 접했을 것이다.

그래서 명나라의 과격한 사상가였던 이탁오와 허균의 사상적 연계의 가능성에 대해 우리 학계에서도 일찍부터 관심이 제기되었다. 이탁오의

『도고록道古錄』 일부를 번역한 윤남한尹南漢 교수는 허균의 문집 속에서 이탁오의 자취를 찾으려 하였다. 한편 국문학 및 한학자인 고 이가원李家源 교수도 특히 이 문제에 커다란 관심을 갖고, 이 양 사상가의 관계를 확신하면서, 타이완에서 '허균은 한국의 이지이다'를 발표하고, 뒤에 이를 포함하여 중국 오택吳澤의 저서 『유교반도 이탁오』처럼 『유교반도 허균儒敎叛徒許筠』을 저술하였다.

그 후 유명종 교수도 허균, 이수광, 박연암, 김정희, 이건창 등이 적건 많건 이탁오와 초횡 및 원굉도 등의 공안파 문학의 영향을 많이 받았음을 그의 저서 『한국의 양명학』에서 지적하였다.

5) 허균의 중국사행시집, 『을병조천록』

허균이 마지막으로 명에 사신으로 갔던 1615~1616년은 이탁오가 죽은 지 이미 13년 뒤였다. 그런데 당시 허균은 이탁오의 묘지가 있는 북경 교외의 통주通州에서 5일이나 머물렀는데, 그의 시집 『을병조천록乙丙朝天錄』 안에는 통주에 관한 시가 7편이나 보인다. 특히 이곳에서 쓴 시, 「이씨의 『분서』를 읽고」는 추정만 하던 두 사람의 사상적 관계가 사실임을 명백하게 말해 준다.

허균은 광해군 7년1615 윤 8월 9일 한양을 떠나 동지겸진주사행冬至兼陳奏使行의 부사로 정사인 민형남閔馨南과 함께 북경에 갔다. 그들은 9월 6일 압록강을 건너 11월 17일 북경에 도착하여 광해군 8년1616 2월 3일까지 머물고, 2월 4일 북경을 떠나 조선으로 돌아왔다. 3월 1일 의주에 도착하여 3월 3일 한시 360여 수를 모은 기행시집의 서문을 썼다. 평양에 이르러 시 20여 수를 추가하여 382수의 기행시집記行詩集이 탄생한 것이다.

1597년 정유재란 중, 명에 다녀 올 때 썼던 『정유조천록丁酉朝天錄』에 이은 두 번째의 사행시집使行詩集이 바로『을병조천록』이다. 이 시집은 이름만 알려졌었는데, 2005년 12월 말에 국립중앙도서관을 통해 세상에 빛을 보게 되었다. 이 책에서 우리는 허균의 호가 교산蛟山외에도 촉재주인燭齋主人임도 알게 되었다. 새로 발견된 허균의 이탁오에 대한 시는 아래와 같다.

「이씨이탁오의 『분서』를 읽고」

조정에서 대머리 노인이탁오의 책을 태워버렸어도,
그의 도道만은 여전히 남아 다 타지 않았구나.
저 불교와 우리 유학의 깨달음은 다 같은 것인데,
세상에는 멋대로의 논의로 시끄럽구나.

이지의 친우 구후丘侯가 나를 빈객으로 예우하는데,
기린 봉황같이 고매한 품격 직접 만나니 기쁘구나.
탁오의 인물론을 뒤늦게 읽고 나서야,
비로소 선생이 쓴 책 중의 사람들을 알겠다.

일찍이 노자를 알아 스스로를 탁오노자라 이름하고 ,
선禪의 기쁨 속에서 평생을 보내려했구나.
『분서』가 완성돼도 모두 불태워지지는 않았고,
세 번 탄핵을 받았어도 마음만은 역시 즐거웠네.

허균 시 속의 이탁오 상

비록 이 3수의 짧은 시이지만, 이 속에서 우리는 이탁오에 대한 허균의 생각을 명백하게 그리고 충분히 읽을 수 있다. 우선 16세기의 명 왕조가 이탁오의 저서들를 태워버렸지만, 그의 사상道은 다 타지 않고 여전히 남아 전해지고 있음을 강조하는 점에서 이탁오 사상의 불멸성과 그에 대한 허균의 흠모의 정을 읽을 수 있다.

다음으로 유교와 불가의 깨달음이 원래 같은 것인데 세상 사람들의 시끄러운 멋대로의 논란에 대해 비판함은 그 역시 유가로서 관직을 시작했지만, 이탁오처럼 유교와 불가의 경계를 자유로이 넘나들었고 그 때문에 많은 비난과 심지어 해직의 고통을 감수하기도 했다.

허균이 이탁오의 '인물론'을 늦게 읽은 후에야 그 책 속의 사람들을 알겠다는 것은 인물평가서인 『장서』인듯하다. 허균은 이탁오의 인물평가에 크게 감복한 것으로 보인다. 끝으로 그는 이탁오처럼 평생 불교의 선에 기꺼이 빠져 살겠다는 의지를 보여준다. 끝의 구절이야말로 이 시의 총결로서 이탁오를 흠모하면서, 그의 삶과 죽음을 따르겠다는 굳은 각오를 보여준다. 그가 쓴 책들이 아직 진시황의 분서처럼 모두 불태워지지는 않았고 대간의 3차례 탄핵을 받았어도 역시 그의 마음 쾌청했다고 한 것은 허균의 정신을 아주 분명하게 보여주고 있다.

1602년 이탁오는 그릇된 도로써 백성을 현혹시켰다는 죄로 잡혀 옥중에서 자결했으며, 역시 감옥에서 이탁오의 책을 읽고 감동하여 "이제야 내가 죽는 방법을 알았다"는 메이지유신의 사상적 선구자 일본의 요시다 쇼인吉田松陰처럼 허균도 그의 죽는 방법을 터득한 듯이 보인다. 그도 역시 이 시를 쓴 3년 후, 역적으로 몰려 처형되었다.

허균과 작품 속의 이탁오 영향

16세기 후반과 17세기 초에 있어서 명으로부터 양명학의 수용과 그의 형태는 우리나라의 사상 및 문화사에서 중요한 충격이었다. 그러나 양명학은 결코 조선왕조에 있어서 사상의 주류를 형성할 수 없었고 관학으로서 사회를 주도한 성리학에 눌려 내면화되고 또, 변형 내지 굴절되었다고 할 수 있다.

허균이 양명학의 철학적 교리들을 조직적으로 저술하지는 않았지만, 지행합일의 실천을 강조하는 양명학의 중요한 목표인 '마음속의 양지를 밖으로 드러내 행동으로 옮기는 것良知現成'을 매우 적극적으로 실천하였다. 양명학의 사상적 원리가 아닌 행동 면에 있어서 가장 과격했다고 평가되는 이탁오보다도 허균은 더욱 더 사회 비평적이고 또 그것을 정치적으로 실천하다가 희생되었다.

이러한 면에서 명교를 공격하고 많은 역사적 인물을 비판하다 탄핵되어 옥중에서 자결한 16세기 말 중국의 이탁오와 허균은 매우 유사한 점이 많다. 허균도 이탁오보다 조금 늦게 16세기 후반부터 17세기 초반 사회의 부조리를 공격하며 성리학의 주도적인 흐름에 반대하고 혁명을 실행하려다 역적으로 처형되었기 때문이다.

일본에서 19세기 중반 메이지 유신의 사상적 기반을 형성했다고 평가되는 요시다 쇼인이 이탁오를 사숙하며 모방하다 죽어갔다고 한다면, 허균은 이미 17세기에 이탁오의 사상적 방향을 따르다 죽어간 조선의 선각자라고 할 수 있을 것이다.

그 사회의 관학이며 사상의 주류였던 유교, 즉 성리학에 대해 그의 허구성을 지적하며 비판한 점에 있어서나, 유교 이외의 종교인 불교와 도교

그리고 외래종교인 천주교와 회교에 접하는 점에 있어서도 두 사상가는 비슷하다. 강렬하게 비판하는 사회 전반의 너무 크고 굳건한 저항을 이길 수 없어 그로부터 탈출하기 위해 하나의 유토피아를 꿈꾸는 점에 있어서도 이탁오와 허균은 같다고 할 수 있다. 허균 역시 『홍길동전』의 끝에서 이룰 수 없는 꿈을 '율도'에서 이룬다는 유토피아를 설정하고 있지 않은가!

그 당시 특히 오륜의 형식화된 윤리에 얽매여 일방적으로 차별을 받아 결혼의 자유와 교육의 기회를 가질 수 없었던 여성들에 대한 관계나 평가에 있어서도 두 사람은 많이 통하고 있다.

그러나 이 두 사상가의 차이를 찾는다면 이탁오는 역시 중국 사상가로서 양명학의 교리에 훨씬 치밀하고 조직적이었는데 비해, 허균은 그의 이론보다는 양지와 지행합일을 받아들여 실천한 점에 있어서는 이탁오보다 훨씬 과격하고 현실적이었다고 하겠다. 그리고 이탁오와 허균은 16세기와 17세기 초 중국의 명나라와 조선에 있어서 유교의 경직된 성리학에 반항하며 그를 개혁 내지 파괴하려던 사상투쟁의 선구자들이었다.

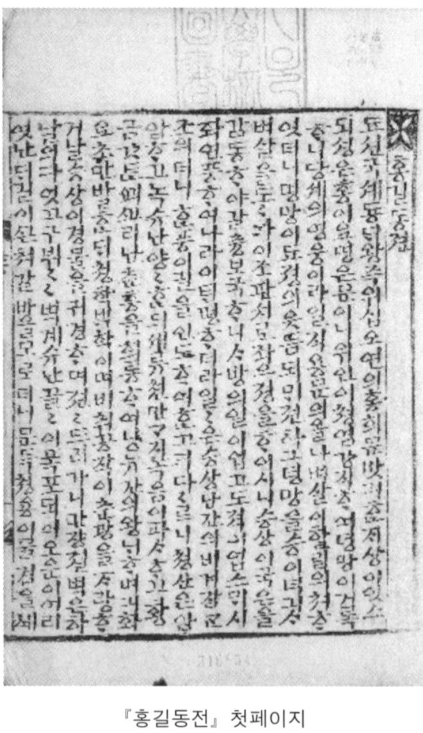

『홍길동전』 첫페이지

나아가서 그들은 새로운 시대를 꿈꾸었다. 이탁오는 그의 방대한 저서인 68권의 『장서』와 27권의 『속장서』 속에서 수

많은 역사인물을 평가하면서 그가 바라는 시대의 모습과 인물상을 강조하였다. 그리고 그는 그의 꿈이 천백세 후의 어느 날 그를 이해하는 사람들에 의해 실현될 수 있으리라고 믿었다.

허균 역시 성리학 이외의 불교와 도교, 또는 천주교를 접하면서 지적으로 그리고 부조리한 사회가 나아가야 할 길을 꿈꾸었고 그것을 『홍길동전』 속에서 본인이 바라는 유토피아로 써 냈던 것이다. 그런데 이탁오는 그가 죽은 지 300여 년 후 중국이 전통을 파괴하고 새로운 사회와 문화를 건설하려던 5·4 운동의 20세기 초에 역사 속에서 다시 부활하여 오늘날 중국사 5천 년의 문화적 영웅으로 평가되고 있으나, 허균은 그의 명예 회복과 새로운 평가에 있어서 훨씬 뒤쳐지고 있다. 2015년에야 겨

허균의 시비

우 허균의 초상이 문화재청에서 확정된 데서도 잘 알 수 있다.

근·현대사에서 이탁오에 관한 연구가 중국은 물론 일본에 비해서 아주 부진했던 우리나라에서 허균의 이탁오 존경은 놀라운 일이다. 그 시대에 바로 우리에게 밀어닥쳤던 사상적 파도는 당시에 무참하게 꺼지면서 오히려 반동적으로 성리학의 강화를 촉진시켰고, 그러한 결과는 우리 근현대에 이르기까지 사상적 경직성을 벗어나지 못했다고 정인보는 크게 통탄하였다.

이것이 바로 이탁오와 허균의 관계를 통해서 읽을 수 있는 중국의 문화 또는 사상으로서 양명학이 16세기 후반과 17세기 전반 조선왕조에 수용되는 변형과 굴절의 특수한 형태라고 생각한다. 이에 대해, "이탁오와 그의 사상은 조선에서 개별적 수용에 그쳤다. 그러나 조선의 사상사는 그로 인해서 주자학과 양명학이란 단조로움에서 탈피하여 정감의 중시, 유불의 회통, 탈주자학적 자유, 자득적 체험의 중시라는 다채로운 면모를 갖추게 되었다"고 이영호 교수는 평가한다.

3. 이탁오와 조선의 실학

중국의 송과 명의 학문과 사상은 우리나라의 고려와 조선왕조에 매우 큰 영향을 주었다. 그 중에서도 영향이 큰 학문과 사상가로는 당연히 성리학의 주자와 양명학의 왕양명이다. 그리고 임진왜란 이후 조선 후기에 양명학과 실학에 연결되는 독특한 사상가 이탁오도 거론된다.

조선의 중기 외래 사상의 수용으로 국가의 이념과 학파 등 모든 조건을 갖춘 성리학이 조선 개국 이래 가장 먼저 관학의 지위에 올랐고, 국가의 이념으로서는 배제되었지만, 학파로서 양명학이 그 뒤를 따랐다.

이탁오의 사상은 비록 위의 두 사상의 조건을 갖추지 못했지만, 허균, 이수광, 정약용, 박지원, 이건창 등 학자와 사상가 및 문인들에게 개별적으로 수용된 것은 매우 특기할 만하다.

1) 지봉 이수광과 연암 박지원

『홍길동전』의 저자 허균은 위에 이미 살펴보았거니와, 허균과 동서간이며 『지봉유설』의 저자 이수광李睟光, 1563-1628도 양명학을 수용함은 물론 이탁오의 영향을 적지 않게 받았다. 그는 이탁오의 영향이 아주 큰 초횡을 자주 인용하고, 이태리 선교사 마태오 리치도 소개하였다.

특히 이수광은 도, 즉 진리는 날마다 쓰임日用에 있다고 하여, 양명학 태주학파의 개조 왕간王艮의 '백성에게 날마다 쓰이는 도'와 이탁오의 유명한 "밥 먹고 옷 입는 것이 인륜의 물리"라는 주장을 인용한다. 그는 세 차례 북경을 다녀온 경험으로 중국에서 이탁오의 『분서』 등 저술과 그에서 영향 받은 공안파 자유문학의 사조를 받아들이며 천주교와 서양 문물에도 접하여 유명한 『지봉유설』을 저술하였다. 따라서 이수광은 이탁오와 허균의 문예관에서 큰 영향을 받는다.

한문소설로서 중국을 왕래하면서 『열하일기』 등 청의 문화를 소개하고, 『양반전』, 『호질』, 『광문자전』, 『허생전』 등을 쓴 연암 박지원朴趾源, 1737-1805도 이탁오와 공안파의 영향을 받았다. 그는 실학적 문예사조는 하심은과 이탁오 및 공안파와 김성탄의 문학사조의 영향을 크게 받았다. 허균의 『홍길동전』이 하심은의 유토피아, 이탁오의 동심설, 『충의수호전』

과 매우 유사하다. 이탁오가 「하심은론」에서, 유교의 인·의·예·지·신의 오상 중, 충과 계층질서를 버리면서 「사우師友」만을 남겼다고 평한 것은 의미가 깊다.

『허생전』에서 허생이 무인도에서 유토피아를 건설할 때나, 홍길동이 마지막으로 해외의 율도에서 국가를 건설할 때, 그들은 유교의 윤리 중 신信을 가장 중요시했다. 군신간의 의義와 부자간의 친親이 갖는 허구성을 배격한 것이다. 이것은 명 말의 하심은이 오륜五倫 중 오직 붕우관계를 가장 중요시 한 것이나 이탁오가 사제 관계를 사우師友로 평등화한 것과 크게 유사하다.

『광문자전廣文者傳』의 근본정신은 인도주의다. 남자뿐 아니라, 여자도 얼굴의 잘 생김과 상관없이 색色을 좋아한다. 여기서도 여권존중의 인간평등의식이 담겨있다. 이것은 하심은의 인간 평등의식과 상통하며, 특히 이탁오가 여자의 지적 능력을 인정하고 남·여 간의 자유결혼을 긍정한 사상에서 영향을 받았을 것이다.

이탁오는 「여자가 도를 배움에 있어 남자보다 열등하다는 논의에 대한 답변서答以女人學道爲見短書」란 『분서』의 유명한 서신에서,

> "사람에는 남자와 여자가 있다는 것은 옳지만, 견식에 있어서 남녀가 따로 있다는 것이 어찌 옳단 말인가? 더 나아가서 식견에는 우수한 사람과 열등한 사람이 있다면 옳지만, 남자의 식견은 모두 우수하고, 여자의 식견은 모두 열등하다는 것은 또 어찌 옳단 말인가?"

라고 아주 명쾌하고 예리하게 지적하여 비판하였다.

고문주의를 반대하여 문학이나 정사 등은 모두 동심에서 시작되어야 한다는 이지의 사상은 연암에게서도 발견된다. 이지가 시나 문학이 반드

시 고전에서 찾아야 한다는 고문주의를 배격한 것은 연암에게도 영향을 주었다. 아울러 이탁오가 속어와 속자로서 일반 대중에게 다가가는 글을 쓴 것도 역시 연암과 유사하다. 따라서 그의 『허생전』 등은 허구의 양반 사회와 일반 민중에게 감명을 주는 소설이었다.

2) 다산 정약용과 영재 이건창

퇴계 이황과 함께 정다산은 조선 사상사의 양대 거인이다. 퇴계가 조선 초기부터 수용된 주자학을 조선의 유학으로 발전시킨데 대해, 정다산

다산 정약용

은 조선 후기 기존의 주자학에 조선 사정에 맞는 독자적이고 실용적이며 경세론을 결합시킨 실학의 대가이다.

인仁과 명덕明德을 효제자孝悌慈, 공자의 일관一貫의 도는 서恕 한 글자라 하고, 하늘 섬김을 수사유교洙泗儒敎로 종교성을 회복하려 하였다. 이는 사실 라근계羅近溪, 1515-1588, 왕간王艮, 1483-1541 등과 관계된 양지良知의 구체화現成와 통한다. 즉 다산의 효제자는 명덕과 인을 계승한 실천적 내용이다.

특히 효제자 설명에 이르러 다산의 친민설親民說은 주자의 설을 벗어나 양명의 설을 절충하고 있다. 즉 성현이 되는 법의 일관一貫을 진지하게 강득講得하면 덕성을 존중하는尊德性 성의誠意에 이른다. 이탁오는 그의 『도고록道古錄』에서,

> "사람의 덕성德性은 본래 극히 존엄하여 그 무엇과도 비길 수 없으므로, 이른바 독자적이며, 이른바, 중립적이며, 이른바 큰 근본이며, 이른바 지극한 덕인 것이다.
>
> … 성인이라고 해도 세상 서민이 할 수 있는 일을 할 뿐이니, 사람의 성품에 따라서 하면 되지, 성인의 하는 일을 지나치게 높게 보지 말아라. 그러므로 요순과 길거리의 일반 사람이 같고, 성인과 보통사람이 같은 것이다."

라고 하였다. 이수광은 그의 『지봉유설』에서 경정향에게서 배우다 이탁오를 평생 따른 초횡焦竑, 1540-1620을 많이 인용하였다. 그런데 다산도 『논어고금주』에서 이를 인용하였다.

정다산의 유명한 『논어고금주』에서 이탁오의 『사서평四書評』을 인용한 것은 매우 특기할만하다. 왜냐하면 유교의 중요한 핵심 경전인 논어를

주注나 해解라 하지 않고, 감히 평評하는 저서인 『사서평四書評』을 인용하였기 때문이다. 정다산은 『논어고금주』의 「공야장」 19장에 대한 주희의 해석에 대해,

> "이탁오가 『분서』에서, 두 번 생각하는 것도 오히려 할 수 없는데, 어떻게 세 번 생각했다고 하는가?"

라는 논의를 받아들였다. 즉 주 문공주자은 '삼사三思'에 대해 제대로 이해하지 못하고, 이에 세 번까지 한다면 사의가 일어나 도리어 현혹하게 된다고 했다. 그래서 다산은,

> "살펴보건대 이 말은 진실로 절실하고 명확하여 경문의 뜻에 꼭 들어맞아 유감이 없는 것이다"

라고 하였다.

다산의 『논어고금주』「술이」 28장에서도,

> "고향 사람들과는 더불어 이야기하기 어려운데 그 마을 동자가 공자를 만나자 제자들이 당혹해 하였다. 공자께서 말씀하셨다. 그 아이의 앞으로 나아가려함을 같이 한 것이지 그 물러나고자 하는데 같이 한 것은 아니다. 어찌 심하게 할 것인가! 사람이 자신을 정결하게 나오면 그 정결함을 인정하는 것이지 지난날에 구애될 것은 없다."

이에 대해 다산은,

"이 장에 그 착간이 있다는 것을 보지 못하였다."

고 하였는데, 이탁오가, "뒤의 14자는 글이 전도되지 않았으며, 그 문법이 더욱 고풍스럽다"고 한 것을 인용한 것이다.

다산은 『논어고금주』 「헌문」 17장에서, "자로가 말했다. '환공이 공자 규를 죽이자 소홀은 규를 따라 죽었으나 관중은 죽지 않았으니 그를 어질지 못하다고 하겠습니까?'

공자가 말했다.

'환공이 제후들은 아홉 번 규합하는데 무력을 쓰지 않는 것은 관중의 힘으로 가능했으니, 그 누가 그의 인을 따르겠는가? 누가 그의 인을 따르겠는가?'"

이에 대해 주자는 관중이 비록 인한 사람은 될 수 없지만, 그 이익이 사람들에게 미쳤으니, 인仁의 공功이 있는 것이다. 이에 대해 다산은,

"살펴보건대, 인이란 것은 선천적인 본심의 완전한 덕全德이 아니라 또한 이는 후천적인 사공事功에서 이루어지는 것일 뿐이다. 그렇다면 이미 인의 공이 있는데, 인한 사람이 될 수 없다는 것은 아마도 이치에 맞지 않는 듯하다"

라고 하였다. 그런데 이탁오는,

"자로는 일신의 죽음으로써 인을 삼았고, 공자는 만민의 삶으로써 인을 삼았으니, 어느 것이 크고 어느 것이 작은 것이겠는가?"

라고 하였다. 정다산은 『논어』, 「고금주」 3권에서도, "文子는 세 임금 밑에서 정승을 역임했으나, 죽을 때 비단옷 입는 첩도 없었고, 조 먹는 말도 없었다."라는 이탁오의 글을 인용하였다. 이로서 다산은 탁오의 경전 해석을 받아들인 것이다.

이탁오는 그의 『사서평』 서문에서,

> 먼 옛날부터 독서를 잘 하는 사람은 도연명(陶淵明, 365-427) 한 사람 뿐이었다. 왜 그런가 하면, 그는 "책을 잘 읽기 위해서 그 내용을 아주 깊이 이해하려고 하지 않았기" 때문이었다.
>
> 책을 읽어 그의 해석이 가능함은, 곧 매우 깊이 해석해 불가능함이 없는 것으로, 그것은 곧 불가능함을 구하는 것일 뿐이다. 무릇 도리에는 바른 말로는 해석이 되지 않아도, 반대의 말로는 해석되기도 하는 것이니: 상세한 말로는 해석이 안 되어도, 간략한 말로는 해석되기도 한다.
>
> 세상의 과거시험의 문장을 위한 경서의 강의龍頭講章를 한스럽게 생각하는 사람은 바로 강의가 상세함 때문으로 강의를 너무 끝까지 파고들기 때문이다. 이 『사서평』이란 한 권의 책 속에는 바른 말이 있고, 역시 반대의 말이 있으며; 아울러 상세한 말이 있으며, 또한 간략한 말도 있어, 총체적으로 아주 자세한 해석을 구하지 않는 말에 가까이 있는 것이다.
>
> 만약 독자가 혹 해석되지 않는 것이 있으면, 세상에 이른바 과거시험 강의서인 용두강장에서 찾을 수 있는 것이다. 그러므로 이탁오 노인의 해석이 자세치 않다고 말하지 말 것으로, 강의를 상세하여 끝까지 다하지 않음은 도연명 노인으로 하여금 나와 우리들을 웃게 할 것이다.

어려운 경전해석의 융통성있는 자세에 대해 아주 독특하고 흥미롭게 설명하고 있다. 이러한 점에서 정다산이 경전해석에서 주자나 기존의 해석에 얽매이지 않고 다른 견해에서도 그의 답을 찾으려한 것은 매우 바람직한 일이다.

물론 정약용이 이탁오의 『논어』 해석을 일부 받아들였지만, 전부 받아들인 것은 아니다. 자신의 이해와 다른 부분은 비판도 하였다. 그러나 주자의 견해와 다른 해석을 할 때 이탁오의 견해가 자기와 맞으면 인용을 꺼리지 않았다. 특히 아주 찬양하기도 하였다

따라서 정약용의 이탁오에 대한 태도는 그의 학설을 전폭적으로 지지하기 보다는 자신의 이념을 지지할 수 있는 학설이면 주자와 어긋나도 받아들였다. 이는 주자학을 벗어난 경전해석에 비교적 자유로움을 보여주는 것이다.

한편 앞에서 본 허균은 불교를 수용하고 인욕을 중시하는 이 이탁오의 과격한 사상을 전면적으로 받아들였다. 이는 유교와 불교 및 도교 등과도 회통하는 삼교합일三敎合一의 사상을 수용하고 있음을 보여주는 것이다. 그러나 다산은 경전해석에서 주자학에서 벗어났다는 점에서 이탁오를 부분적으로 수용하고 있는 것이다.

조선 말기의 유명한 문장가이고 양명학자인 영재 이건창寧齋 李建昌, 1853-1898은 그의 문학이론에서, "고금을 통하여 영원한 마음에 근본하여 문장, 정치 경술을 이해함은 물론이고, 문장 또한 내 마음의 감발感發이요, 타인의 감발이 아니다."라고 하면서 더 나아가,

"오직 내 마음은 함께 내 글과 같을 뿐이다. 무릇 내 마음에서 일어나 내 마음에서 느껴지므로, 오히려 내 마음속에 만족스럽지 못하면, 이것은 대단히 섭섭한 일이다. 오직 내 마음에서 만족을 구할 뿐이지, 어찌 천하 후세를 내 글로 구하려 할 것인가?

천하 후세 또한 나의 글이 필요하지 않을 터인데, 하물며 일시의 영예에 마음을 쓸 것인가? 그러므로 내 마음에 만족하면 그것으로 끝나는 것인가? 그리고 나의 고통과 어려움이 지극하다면, 남이 어찌 대신할 것인가?"

라고 했으니, 이는 바로 양명학의 이탁오 사상과 공안파의 문학사상 및 청대 원매袁枚, 1716-1797 등의 문학사조의 영향을 크게 받은 것이다. 즉, "혼자 끄집어내며, 격식과 투나 남의 전례를 따르지 않고 자기의 가슴 속으로부터 흘러나온다獨抒性靈 不拘格套 自己胸中流出"는 중국문학의 성령설性靈說과 상통하는 것이다. 이 자유주의적 문학사조는 명대 왕양명의 영향하에 이탁오와 초횡 서위徐渭, 1521-1593와 탕현조湯顯祖, 1550-1617의 의고주의 반대와 원굉도袁宏道, 1568-1610을 중심으로 공안파의 문학이론이 이건창에게 영향을 준 것이다.

특히 이건창은 이탁오를 존경하여 28수의 「이탁오를 찬양함李卓吾贊」이란 다음과 같은 시를 썼다. 1-8구는 이탁오 이전의 사상, 9-22는 이탁오의 사상과 인격, 23-28은 그의 비장한 죽음에 대해서이다. 다음의 장시는 그가 이탁오를 얼마나 존경하고 찬양하는지를 잘 보여준다.

이탁오를 찬양함

큰 도道의 정수
날로 멀어지고 날로 소멸되니
무엇을 하고자 하는 이
자신의 의지로 하지 않는구나
소문과 명성에 의지하여
말과 글을 주워 담고
여우와 살쾡이처럼 죽은 시체를 뜯어 먹으니
죽더라도 신이 될 수 없으리라

위대하도다 탁오여
이 사람이야말로 참 되도다
차라리 스스로에서 얻으려하여
구차히 부화뇌동 하지 않았네
지혜를 통해 마음을 안정시키고서
부패한 것을 변화시켜 새로움을 창출 했네
일가를 이룬 그의 말
백년 천년을 이어 가리
성인이 아니면 어찌 의지할 것이며
현인이 아니면 어찌 친할 수 있겠는가
순종만 하는 아녀자의 태도
순수한 충심이 아니로다.
의심이 나면 따져 물으며
마음속의 생각 반드시 표현 했다네

그러나 그가 어찌 알았으리요
여러 사람들이 괴이하다고 성낼 줄을

몸은 옥에 갇히었건만
그 기개 창천까지 이르렀네.
마음이 격해져서 이탁오를 찬양하니
저 뽐내는 유자들 부끄러워해야 하리

양명학보 제21호

이영호의 논문, 「이탁오와 조선 유학」에서 재인용

그는 시의 1-8구에서 당시의 세상은 대도에서 날로 멀어지고, 세상 사람들은 항상 자신이 아닌 남의 의지에 따른다. 소문이나 허울 좋은 이름에만 매달려 남의 말이나 글을 주워 담고, 죽은 시체를 뜯어 먹듯 하니 어찌 좋은 작품과 사상이 나올 것인가를 한탄한다.

특히 시의 9-22구의 내용은 그의 이탁오에 대한 이해와 존경을 아주 잘 보여준다. 즉 이탁오를 위대하고 참되며, 스스로에서 구하고 남과 세상에 부화뇌동하지 않는 삶을 찬양한다.

지혜로 마음을 안정시키고 부패함에서도 새로움을 창출하니 과연 성인이고 현인이라고 평가한다. 그래서 순종은 충심이 아니며, 의심나면 묻고 마음속 생각은 반드시 밖으로 표현하라는 탁오의 정신을 흠모한다.

시 끝의 23-28구에서 그러나 탁오는 세상 사람들의 미움을 사서, 비록 감옥에 갇혔어도 그의 굳은 기개는 푸른 하늘까지 닿았다고 칭찬한다. 그래서 그 자신 마음이 분격해져서 이탁오를 찬양하니 세상에 스스로를 뽐내는 거짓된 유(학)자 들은 부끄러워해야 할 것이라고 결론한다.

젊은 이건창은 과거도 포기하고 혼란과 부조리로 가득한 사회에 대한 불만과 실의의 생활에서 명 말의 이탁오와 같은 사회의 권위를 부정하고 감정을 중시하며 스스로의 이상적 목표를 따르는 학문에 심취하였던 것이다. 이처럼 이건창은 이탁오의 사상을 크게 찬양하면서 내면의 사상적 좌표로 삼은 것은 의미 있는 일이다.

이영호 교수는 그의 「이탁오와 조선의 유학」의 깊이 있는 논문에서, 주자학과 양명학은 조선에 집단적으로 수용되어 국가의 이념이나 학파를 형성하였지만, 이탁오의 사상은 개별적으로 수용되었다고 말한다. 그러나 그의 사상은 주자학이나 양명학이라는 단조로움에 주자학에서 탈피하여 불교와 회통하고 점감을 중시하는 기풍을 더해주어 조선 사상사를 훨씬 풍성하게 한다고 주장한다.

물론 최근 강명관 교수의 조선의 실학은 백성의 불만해소를 위한 지배층의 형식적 개혁안, 즉 경화세족京華世族의 유교적 경세학일 뿐이란 주장도 있다. 즉 1670년 이후 1858년까지 노비의 양인화나 양반의 군역분담 같은 개혁이 전혀 이루어지지 않았다면서 조선 실학은 실천된 적이 없는 사족의 형식적 셀프 프로그램이었다고 지적한다.

복잡하고 어려운 이 문제에 대해서는 임진왜란과 병자호란같은 국가 소멸적 대위기의 국난을 겪고 나서도 중국의 청이나 일본의 에도 바쿠후 같은 왕조의 교체가 없었던 역사를 상기해야 할 것이다.

아울러 조선왕조와 지배 사족들의 관학과 지배이념인 주자학의 경직화 역시 양 난 이후에도 거의 바뀌지 않은 것도 지적되어야 할 것이다. 이 점에서 우리는 16세기 사상투쟁사로 공자의 나라 중국의 명대를 뒤흔든 이탁오와 그의 영향을 다시 생각한다.

이러한 논의를 전제로 한다면, 이탁오를 흠모하며 『홍길동전』을 쓰고 혁명을 꿈꾸다 처형된 허균의 위상은 더욱 커진다고 할 수 있을 것이다.

천주교와 조선의 실학

조선은 중국의 명·청이나 일본에 비해 천주교 수용에 매우 부정적이었을 뿐 아니라, 여러 차례의 박해로 많은 신자들이 희생되었다. 그럼에도 불구하고 오늘날 천주교와 개신교의 교세확장이나 신도는 중국과 일본에 비해 훨씬 성공적이었음은 사상사적으로 매우 흥미 있는 일이다.

이탁오 역시 마카오를 통해 전교에 성공한 포르투갈의 신부 마태오 리치와 교유하고 서로의 칭찬과 평가를 남겼다. 이런 점에서 이탁오가 천주교를 통해 우리에게 영향을 직접 주지는 않았지만, 외래문화를 수용하는 포용성이란 점에서 중요한 의미를 갖는다.

이지가 비록 유학의 관리이었지만, 불교와 회교 및 서양의 천주교까지 수용하는 포용성은 조선의 허균이 불교에 심취하고 아랍의 회교를 이해한 점 등과도 상통하는 것이다.

그리고 일본과 중국에 비해 서양 기독교의 성공은 우리 유교사회가 해결하지 못한 병폐에 있는 것이다. 이 양반과 상인 및 남·여간 평등이란 가히 혁명적인 교리와 사상은 조선 말기의 핍박받던 서민들에게 대단한 매력이며 구원의 길로 여겨졌을 것이기 때문이다.

4. 조선 대중문학 속의 이탁오

1) 독창적 대중문학사상

이지는 낡고 인위적인 데 의문을 갖고 오랜 옛날부터의 전통을 무조건

믿지 않았을 뿐만 아니라, 문헌학자들에 의해서 이미 맹렬하게 공격받은 바 있는 고전의 절대적인 권위를 인정하지 않았다.

통속적 대중문학의 애호가였던 이지는 『수호전』과 『삼국지연의』에 주석을 가하였다. 이탁오 비평본 『서유기』도 널리 읽혔다. 당시의 문학에서 이지의 영향은 우상파괴주의의 말솜씨를 환기시키는 동시에 그의 사상과 일치하는 점이 많았다.

사실상 그의 영향은 원袁씨 삼 형제의 공안파公安派에 크게 반영되었다. 시와 문장의 원형을 이루게 하였으며, 단순하고 직접적인 회화체의 언어를 숭상하는 동시에 고루한 모델을 모방하는 것을 극력 반대한 것이 바로 그의 특징이다.

이지는 명 말의 임도건 같은 유명한 해적의 우두머리를 '바다의 영웅' 및 유능한 인재로 찬미한다. 그는 왜구의 침략행위에 대항하기 위하여 채택한 정책을 준엄하게 비판하는 한편, 상업과 인구문제에 관한 부당한 사실을 고발하였다. 그리고 그는 용병으로 조직된 정부의 군대는 무능한 존재에 지나지 않으며, 오히려 민병들이 유능한 저항력을 입증하고 있다고 주장하였다.

자연적인 철학에 관한 작품을 많이 쓴 이지는 조정과 여러 당권자들의 반감을 사게 되었으나, 그의 정신적인 독립성과 반 관례주의적인 태도는 크게 두드러진다. 이로서 그는 16세기 말엽에 있어서 두드러지게 나타난 도시의 비약적 발달과 독창적으로 전통적 모순을 훌륭하게 비판하고 있었던 지식인이었다.

16세기 말과 17세기 초반기 명 말의 시대는 대내적이나 대외적으로 심각한 위기를 맞았다. 그럼에도 불구하고 그 사회를 분석하고 비판한 사람으로 이지에 비할만한 독창적이고 예리한 어떠한 사상가도 당시 중국에 출현하지 않았다.

동심의 문학

'천하의 지극히 훌륭한 문장은 동심에서 나오지 않은 것이 없다'고 외치며, '울분에서 복 바쳐 오르지 않으면 훌륭한 작품을 만들 수 없다'고 이지는 주장했다. 그는 '시는 왜 반드시 옛 문집古選에서 뽑아 와야 하며, 문장은 왜 반드시 선진先秦에서 가져와야 하느냐?'면서 낡은 전통의 고수를 공격했다.

특히 이지는 "오늘이 새로우면, 내일도 새롭고, 그 다음날도 또 새로워진다."는 것을 문체의 변화에도 적용시켜야 한다고 강조했던 것이다. 명말의 자유문학사조인 당시 원 씨 삼형제가 속해 있는 공안파의 중요한 문학 주장도 이러한 이탁오의 사상과 맥을 같이 하는 성령설이다.

공안파의 성령설

문학은 거의 모두 오직 성령에서 나오므로, 지나간 격식이나 투套를 따르지 않고, 자기의 가슴속으로부터 흘러나오는 그대로 쓰지 않을 수 없다고 그들은 주장한다. 원종도 역시 '성정性情이 나오는 대로만 하면, 마음속의 모든 능력을 밖으로 토해내지 않은 것이 없다'라고 했다. 원굉도는 성령에 대하여,

"오늘날에는 시어詩語와 글이 전하지 않는다. 그중 만일 전해지는 것이 있다면, 혹 여염집 부인이나 어린아이들이 보배인 옥을 깨뜨려 버리는擘破玉 것이나 풀과 대나무를 치는 부류들인데, 이는 들은 것이 없고 배운 것이 없는 사람들이 오히려 진실한 사람들로서 참된 소리를 내는 것이다. ……우리의 성품대로 내면 오히려 사람의 기쁨과 노함, 슬픔과 즐거움이나 기호 및 정욕에 통하는 것으로 이것이 바로 즐거운 것이다."

라고 하였다. 당시 원 씨 삼형제가 속한 공안파는 문학의 복고적인 사조를 반대하여 문학은 시대의 변화에 따라 변해야 하며, 시대가 같지 않으면 문학도 같지 않아야 한다고 단언하였다. 이 때문에 옛 것을 귀히 여기고 현재를 천하게 여겨, 옛 사람의 것을 모방해야 한다는데 대해 공안파의 문인들은 강력히 반대했다. 원소수는 중랑굉도 선생의 행적을 적은 글 「중랑선생 행장」 중에서 이지는 문학 사상으로 원중랑에게 영향을 주었다고 다음과 같이 말했다.

중랑 선생은 이미 용호이탁오를 만났고, 그는 비로소 계속 낡은 말들을 수습하고, 속된 견해를 지키면, 옛사람들에게 빠져 한 구절의 정수와 빛도 나타낼 수 없었다는 것을 알게 되었다. 그 후 마음은 한없이 넓어져 순풍에 깃털처럼 방향을 잡고, 깊은 물의 큰 물고기처럼 자유로워졌으며, 능히 마음의 스승으로 삼았다

며 이탁오와의 문학사상의 이어짐을 확인하였다.

원굉도 『동서한통속연의』

이탁오의 중국 통속문학에 큰 기여를 원굉도가 『동서한통속연의東西漢通俗演義』의 서문에서, 아주 흥미롭게 그의 핵심을 잘 설명하고 있다.

> 마을에 책 읽기를 좋아하는 사람이 있었다. 십 년을 침묵하다가 어느 날 갑자기 책상을 치면서 외쳤다. '비범하구나, 이탁오 선생은 나의 진정한 스승이다!'

옆 사람이 놀라 그 까닭을 물으니, 그는 이렇게 대답했다.

> 사람들이 『수호전』을 뛰어나다고 하는데. 과연 그렇다. 내가 매번 삼경三經이나 『二十一史』를 읽으려고 펼치기만하면 갑자기 잠을 자고 싶어졌는데, 『수호전』을 볼 때는, 쉽고 밝은 일상의 이야기여서 한 번 들면 손에서 놓을 수가 없다. 만약 이탁오 선생이 이러한 일단의 정신을 드러내지 않았다면 『수호전』의 작자와 독자는 아주 오랜 세월 동안 그저 함께 꿈속을 헤매었을 것이다.
>
> 지금 천하의 선비로부터 시골의 부녀자에 이르기까지, 70노인으로부터 삼척동자의 어린 아이까지 한 고조 유방이 풍패豊沛에서 일어나고, 초의 항우가 오강을 건너지 않았으며, 후한의 광무황제가 중흥한 일의 전말을 모르는 사람이 없다 … 사실 어려운 원전의 『한서』나 한사를 사람들에게 보이면, 어려워서 해석 할 수도 없으며, 해석해도 그의 진정한 뜻을 알 수가 없었는데 … 이 『양한연의兩漢沿義』로 그 시대를 쉽게 이해할 수 있지 않은가?
>
> 비록 내가 구원에서 용호자이탁오를 일으켜 그의 혀를 빌려, 사람들의 성품을 밝히고, 수완을 빌려 가슴속의 인심을 열고, 세상으로 하여금 탁오 노자를 믿게 하고, 탁오 노자를 사랑하는 사람들은 연의를

사랑하게 할 것인가? 부득이 이를 따내어 세상의 훌륭한 독서자들에게 제공해주고 싶다.

원굉도는 이탁오가 『수호전』에 평점을 가하여 재미와 의미를 독자에게 효과적으로 전달했음을 지적하였다. 그는 작가의 의도를 이해하고 독자로 하여금 마음을 열도록 하려는 이탁오의 평점의 목표는 크게 성공했다고 평가하였다 .

2) 『삼국지연의』와 『수호지』

『삼국지』나 『수호전』은 조선의 중기 이래 우리 대중에게 매우 큰 영향을 준 번역문학작품이다. 그래서 나도 어려서부터, "『삼국지』와 『옥루몽玉樓夢』을 다 읽은 사람과는 말을 겨루지 말라"는 어른들의 말을 흥미롭게 듣곤 했다.

그런데 탁오는 우리에게도 많이 애독된 『삼국지』를 정리 비평하여 출간하고 특히 삽화를 넣어 독자의 흥미를 높이는 문학의 대중화작업에 크게 공헌하였다. 우리에게 많이 읽힌 이문열의 『삼국지』의 「일러두기」에서, "이 책 본문 중 삽화는 명 말의 『이탁오 선생 비평 삼국지』에서, 발췌한 것임"을 밝히고 있다. 그리고 대중 문학에 대한 이탁오의 의도는 다음 『삼국지』 서문에서 분명하게 드러난다.

무릇 역사란 역대의 일을 기록하는 것만이 아니라, 지난날의 흥망과 성쇠를 밝히고, 군신의 선악을 거울로 하고, 정치의 득과 실을 신는다. 인재의 길흉을 관찰하며, 나라와 집의 좋은 일과 나쁜 일을 알아서 추위와 더위의 재앙을 알아 높이고 낮추며 주고 빼앗는 등 하나도 쓰이지 않는 것이 없도록 남기려는 데 있다.

그러므로 우리 공부자孔夫子도 기린이 잡힐 때까지 쓴 대역작인 『춘추春秋』를 남겼다. 『춘추』는 노나라의 역사로서 공자가 썼는데, 불필요한 한 글자도 이를 높여주지 않았고, 또 내려 깍지도 않았다. 그러므로 그 한 글자 중에는 당시 군자와 부자의 길이 있고, 후세에 대한 모범이 되어 누구의 선과 누구의 악을 알아 선함을 권하고 악함을 징벌함勸善懲惡을 통해 잘못에 대한 두려움을 주어 앞서 간 사람들의 길을 되풀이하지 않게 하였다.

그러나 역사의 글은 이치와 뜻이 아주 깊어 이렇게 쉽게 안 하면 어떻게 후세에 그것을 밝히겠는가? 『논어』에서 말하기를, "질박함이 번화함文을 이기면 야野하고, 문이 질박함을 이기면 역사가 된다"고 하였다. 이것은 역사가들의 역사 서술의 방법을 말한다.

그런데 이것을 대중의 입장에서 보면, 거기에는 역시 병폐가 있다. 그래서 역사를 자주 버리고 돌보지 않는 자가 생기고, 그로 말미암아 대중에게 역사가 통하지 않아, 역대의 일이 오래 될수록 더욱 잃어버려져 전하지 못하게 된다. 앞의 시대에 일찍이 야시野史로서 평하는 이야기를 만들어 글 모르는 사람들에게 이야기 하였다. 그런데 그 언어가 너무 낮고 속되어 야野하다고 몰아붙이며 선비와 군자들은 이를 많이 싫어했다.

그런데 동원 나관중羅貫中이 평양 『진수전陳壽傳』으로 모든 국사를 돌아보고 한의 영제靈帝 중평 원년부터 진晉의 태강太康 원년 전 184-280까지의 일을 마음에 두어 손해와 이익을 기술하고 제목을 『삼국지통속연의』라 하였는데, 그의 글이 아주 깊지도 않으며 말이 저속하지도 않게 일 그대로 기록하여 역시 역사와 거의 같았다.

그래서 이를 읽고 외우려는 자들이 저마다 모두 이를 알게 되니 『시경』의 이른바 시골향촌의 노래 같은 의미였다. 책이 이루어지자

선비와 군자의 이를 좋아하는 자들이 서로 다투어 베껴서 보면서 위. 오. 촉 3국의 좋은 통치와 혼란 및 흥성과 쇠망은 물론 인물들의 출처와 숨겨지고 나타남을 알게 되었다. 이에 이 책 한권을 펴면 천백 년의 역사가 마음과 가슴 속에 확 트이게 된 것이다. 그 동안에는 제대로 역사를 이해하는 사람이 역시 한 둘에 미치지 못했으나, 이제는 고개를 숙여 보려고 하는 자는 모두 커다란 진전이 있었던 것이다.

어려운 역사를 쉽고 흥미롭게 써서 서민들에게 읽혀야한다고 이지는 생각하였다. 그는 특히 재미있고 생동하는 삽화를 『연의삼국지』 240개, 『수호지』에도 200개나 넣었다. 현재 우리 한국에서 많이 읽히는 이문열의 『삼국지』도 이탁오의 삽화를 이용한다고 역자는 밝히고 있다.

3) 『홍길동전』의 모범이 된 걸작 『수호지』

일본의 작가 야자키 이치시다는 그의 『중국사의 대가 『수호전』을 역사로 읽다』차혜원 역에서,

"이탁오는 통속문학의 애호가로서 당시의 대표적 소설이었던 『수호전』이나 『삼국지연의』 등을 주석하여, 뒷날 공안파의 원 씨 삼형제에게 영향을 주어 단순하고 직접적인 회화체 언어로써 고루한 옛글을 무조건 모방하는 풍조를 반대했다"

고 평가한다. 『수호전』은 문학적으로 미친 영향이 매우 컸는데, 반란자들은 스스로 일장청, 혼강룡, 흑선풍과 같은 『수호전』 호걸의 별명을 쓰기도 했다. 사회의 엘리트층도 『수호전』을 열심히 읽었다. 70회본의 저

자 김성탄金聖嘆 외에도 유교의 이단자로 불린 사상가 이지 역시 기존에 발간된 『충의수호전』에 서문과 평어를 붙여 100권, 100본의 『이탁오선생 비평충의 수호전』을 펴냈다.

특히 이지는 『수호전』을 고금의 보기 드문 걸작으로 평가하면서 천진하고 가식 없는 『수호전』 호걸들의 인간상에 찬사를 보냈다. 천의무봉天衣無縫의 자유로운 주인공들은 동심을 그대로 간직한 적자赤子, 즉 이지가 이상적인 인간상으로 제시한 인간 본연의 자연스러운 모습과 거의 일치한다고 보았기 때문이다.

이탁오는 그의 『충의수호전』의 긴 서문에서,

> "태사공사마천은 말하기를, '말하기 어려움「說難」과 외롭고 분함「孤憤」은 성현께서 자신의 억울한 심정을 토로하기 위해 지은 작품이다'라고 했다. 이런 관점에서 보자면, 옛날의 성현들은 가슴속에 억울하고 답답한 사정이 없으면 글을 짓지 않았다. 억울함이 없는데도 글을 짓는 것은 춥지도 않은데 일부러 몸을 떨고, 아프지도 않은데 신음하는 것과 같아서, 비록 작품을 낸다 해도 무슨 읽을 만한 것이 있겠는가?" 라고 하였다.
>
> 『수호전』은 바로 답답하고 억울한 심정을 토해내기 위해 지어진 작품이다. 원래 송나라 왕실이 쇠퇴하기 시작하면서 모자와 신발이 서로 뒤바뀌어 걸쳐지듯 어진 사람은 낮은 데로 밀려나고 어리석은 자들은 높은 지위를 차지하게 되었다. 오랑캐들이 점차 윗자리를 차지하고 중원은 아래로 밀려 나는 판인데도 당시의 임금과 재상은 위기가 곧 닥칠 줄도 모르고 처마 밑에 둥지를 튼 제비처럼 폐백을 바치고 신하로 자칭하면서 저들 개나 양과 다름없는 오랑캐에게 기꺼이 무릎을 꿇었던 것이다.

진실로 108호한을 승복시킬 만한 도량이었던 까닭에 양산박에서 결의형제를 주도하여 그들의 맹주가 될 수 있었던 것이다. 최후에는 남쪽에 가서 방랍을 정벌하니, 전투 중에 죽은 자가 양산박 형제의 절반을 넘었다. 또 노지심은 육화사에서 입적하고, 연청은 눈물을 흘리면서 그 주인과 이별하며, 이동은 혼강의 계책에 따랐다.

송공명은 이들의 저의를 모르지 않았으나 기미를 보고 명철보신을 꾀하는 것은 졸장부가 자기만 살아남고자 벌이는 수작에 불과하며 결단코 임금에게 충성하고 벗에게 의리를 지키는 자들이 연연해할 바가 아니라고 여겼다. 이가 바로 송공명이란 사람이다.

이렇게 해서 그는 충성과 의리로 일컬어지게 되었으니, 어찌 그에 관한 전기를 짓지 않을 수 있으랴! 어떻게 그의 전기를 읽지 않을 수 있겠는가 말이다!

그러므로 나라를 다스리는 자는 반드시 『수호전』을 읽어야 하니, 한 번 이 책을 읽으면 충성과 의로움이 수호에 있지 않고 모두 임금 곁에 모이게 된다. 현명한 재상은 이 책을 읽지 않으면 안 되니, 이 책을 일독하면 충성과 의로움이 수호에 있는 것이 아니라 죄다 조정으로 모여 들게 된다.

병부兵部에서 나라의 군권을 장악한 중추적 인물이나 도독부에서 변방을 지키는 중요 임무를 담당한 장수들 역시 이 책을 읽지 않으면 안 될 것이니, 하루라도 이 책을 읽으면 충성과 의로움이 수호에 있지를 않고 그 전부가 구국의 간성이 될 인물과 군사적으로 중요한 요충지를 선발하는 데 쓰이게 된다.

(중략)

이 책은 가슴속의 분노를 터뜨리기 위해 지어진 것이다. 만약 할 일 없는 호사가들이 이 책을 단순한 이야깃거리로나 알고 병사를 부리는 자가 계략을 짜내기 위한 학습서 정도로만 여기면서 각자 자신에게 필요한 장점만을 취하려 든다면 이른바 충성과 의리란 것은 어디서 읽어야 할 것인가?

라는 긴 글에서 우리는 「수호전평」뿐 아니라 이탁오 사상의 중요한 문학적 기여를 읽을 수 있다.

4부

현대 한국 언론 속의 이탁오

유교에 도전한 동양의 루터

—『동아일보』에서

1. 민주화시대의 대학언론

1980년도 초인 1983년 3월, 아직 군사정권 시기로 학생들의 민주화가 막 시작되려던 때이었지만, 일반 언론에서는 물론 대학의 언론에서도 아직 이탁오에 관한 글을 거의 찾아볼 수 없었다. 이때 이화여대의 『이대학보』사로부터 원고를 청탁 받았는데, 이탁오에 관해 거의 전면의 지면을 할애 받아 이탁오에 관해 쓴 것은 참으로 놀라운 일이었다.

원래 저자가 다른 주제로 썼는데, 편집 기자가 아래의 제목으로 잡아 학생들에게 큰 매력과 참신한 반전통 사상이란 가치를 강조하고 싶었던 듯하다. 그리고 이탁오 사상의 전반을 고찰할 수 있어서 나에게는 좋은 기회였다.

1) 전환기의 이단적 사상가 이탁오

이탁오의 생애

이탁오는 중국 역사상 매우 걸출한 진보적 자유사상가이다. 그는 정치적 사회적으로 전제정치가 해이해지고 왕조 쇠망의 전환기적 성격이 뚜렷이 나타나던 16세기 후반 중국 명 왕조의 인물이다. 그때 우리 조선은 임진왜란으로 위급하던 때이고 이탁오에게는 사상적인 완숙기로서 활동기였다.

이 시대는 명 왕조의 관학인 주자학도 양명학에 의해 도전을 받을 때이었다. 이에 따라 사상, 문학, 예술 면에 자유로운 낭만적 분위기가 매우 고조되었다. 특히 서양으로부터는 마태오 리치가 북경에 최초의 가톨릭 교회를 세우는 등 동서 문화의 접촉이 차츰 활발해 지고 있었다. 더구나 서양이 세계를 지배하는 기초가 된 르네상스, 지리상의 발견, 종교개혁으로 새로운 발전의 기운이 폭발하던 시대였다. 이와는 반대로 세계 최대의 제국 명 왕조는 정치적 사회적 혼란으로 낙후되기 시작하였다.

이 격동의 시기 이탁오는 침몰하는 명 왕조의 대개혁을 외쳤지만, 세상은 그를 무시하거나 용납하지 않았다. 그의 위대한 공헌은 공자나 주자같이 거대한 사상적 체계를 세운 것이 아니라, 수천 년간 아무런 의심 없이 당연한 것으로 받아들여진 유교 사상체계의 고착과 획일성을 공격하고 나선 것이다. 그야말로 파괴하지 않으면 건설도 되지 않는다不破不立는 중국의 변혁사상을 16세기에 절규한 사람이다.

넉넉지 못한 지식인의 가정에 태어나 24년간의 낮은 관직을 역임하고 76세에 성인의 가르침을 해쳤다는 이유로 탄핵되어 옥중에서 자결한 그는 부정적인 유교의 사회 전통에 대해 격렬한 조소와 비판을 퍼부은 것이다. 공자의 움직일 수 없는 권위, 정치적 사회 윤리, 역사평가 등을 대상으로 싸운 그는 실로 중국 사상투쟁사의 중요한 한 장을 차지한다.

많은 차이점에도 불구하고 유교의 권위와 성격을 서양의 크리스트교와 비교한다면 그는 종교개혁을 주도한 마르틴 루터1483-1546와 비교 될 만하다. 따라서 그에게는 '명교반도名教叛徒', '유교반역자', '반봉건사상의 선구자' 등의 죄목과 평가가 쏟아졌다. '성인의 가르침을 반역하고, 세상을 어지럽히고 백성을 속였다'는 죄로 체포되어 옥중에서 자결하여 그의 최후를 장식했던 이 투쟁적 사상가는 그의 죽음과 함께 이름과 저서 등이 모두 금지되고 불태워졌다. 그 뒤의 청1644~1912대에도 금서목록으로 계속 햇볕을 보지 못하다가 중화민국의 초기에 와서야 일반 지식인에게 알려지게 되었다. 특히 1919년 5·4 신문화 운동을 주도한 천두슈陳獨秀, 1880-194, 후스, 우위, 루쉰, 저우쭤런 등에게 중국의 유교 전통을 비판한 위대한 선구자로서 존경의 대상이 되었다.

따라서 16세기에 형성된 그의 사상은 시대를 초월하여 3백 년이 훨씬 지나서 20세기에 중국의 혁신사상으로 받아들여지게 된 것이다. 서양의 영향을 받기 전 중국의 전통사상 속에서 전통사상의 허구와 고질을 비판 공격한 것은 매우 의미 있는 일이다. 일본에서는 이미 명치유신 때의 요시다 쇼인吉田松陰 같은 선각자가 이지의 사상을 체계화시키고 전파시켰지만, 우리나라에는 20세기의 후반까지도 거의 알려져 있지 않았다. 그 이유는 주자학으로 일관되어 양명학조차 받아들이기 어려웠던 조선왕조의 경직된 사상적 풍토 때문이었다.

일부의 학자들에게 차츰 관심의 대상이 되기 시작했다. 양명학 연구에 기여한 윤남한 교수는 『홍길동전』을 쓴 허균이 그의 영향을 받은 것 같다고 추정하였으며 뒤에 이가원 교수는 허균은 『한국의 이지』라고 주장하였다. 최근의 연구에서 이지는 조선 실학의 중요한 사상적 원류로 파악되고 있다.

정치사상

중국의 전제정치는 명대에 이르러 더욱 강화되었는데, 그의 이론적 근거이며 특히 사상을 속박한 것은 송대960~1279에 완성되어 명대에 특히 획일적으로 형식화된 이학理學이었다. 이지는 비록 그 당시의 전제정치의 본신을 직접 공격하지는 못했지만 전제정치를 받쳐주고 있던 전통적 국가이념을 격렬히 비평하고 파괴하려고 하였다. 그가 '16세기 중국의 반봉건적 사상의 선구자'로 불리는 것은 바로 이 때문이다.

그는 당시의 유학이학자들이 절대적으로 중요시한 천리또는 의리, 왕도, 군자 및 삼강오륜에 대해 반기를 들고 인간 욕망, 패도 ,소인을 긍정하였다. 일상생활에서 남의 속박받기를 몹시 싫어한 이지는 유교에 입각한 여러 방면의 형식적 사회윤리의 억압을 극력 거부하였다. 사회의 윤리나 진리 등에 대한 그의 합리적인 태도는 '배고픈 사람은 좋고 나쁜 음식을 선택할 여가가 없는 것처럼 도를 추구하는 사람도 공자나 노자 또는 석가의 특정한 것만을 택할 필요는 없다'는 주장에서 아주 뚜렷하다.

따라서 알맹이 없이 천편일률적으로 형식화된 사회윤리와 인간의 삶에 있어서 움직일 수 없는 시비 평가와 행동의 기준을 부정한다. 즉 그는 도의 계통은 요·순을 거쳐 공자에 이르러 확립되고 맹자에 의해 계승되었으며 그 후 끊어졌다가 송대에 와서야 정이, 주희 등에 다시 계승되었다는 도통론을 오류라고 배격한다. 그리하여 "공자의 가르침이나 시비의 표준으로 생활의 규범을 삼아야 한다면 공자가 없던 시대에 인간은 살 수 없었느냐?"고 신랄하게 반문한다.

다른 한편 중국의 역사에서 의리에 충실했던 사람들보다는 국가와 사회 및 민중을 위해서 실리와 공적을 쌓은 사람들을 더 크게 평가했다. 구체적으로 분서갱유 등 혹독한 정치로 폭군으로 지탄받는 진시황을 천고의 최고 황제로 칭찬하고, 그를 도왔던 이사 등도 재능을 가졌던 사람으로 높이 평가하는 한편 의리보다는 실제적 공적을 세운 관중, 상앙, 순자, 오자, 조조, 상홍양 같은 사람들을 중요시한다.

또한 그는 사회의 인간관계를 평가함에 있어서도 친구간의 관계나 부부관계를 그 당시 가장 지고의 가치로 취급했던 군신의 관계보다 우위에 놓는다. 4왕조의 12군주와 이민족의 군왕까지를 섬겨 두 임금에게 충성해서는 안 되는 유교의 절대적 정치윤리를 거역했다고 신랄하게 비판받은 오대907-96의 풍도馮道, 882-954를 높이 평가해서 지탄을 받았다.

그는 사직국가은 군주통치자보다 중하다는 맹자의 말을 인용하여 오대에 심한 전쟁의 고통이 없었던 것은 모두 풍도의 백성을 편안하게 보양한 때문이라고 그를 긍정 평가함으로써 당시의 당권자나 유교 지식층의 심한 반발을 불러 일으켰다.

『삼국지』로 우리에게 많이 알려진 조조도 백성을 나라의 근본으로 알아 농사를 해치지 않았다고 말한다고 긍정적으로 평가하였다. 더욱이 유교적 중국사회의 유일한 여성 황제였던 측천무후의 정치적 업적을 찬양하고 당시의 중신들이 소위 유교윤리에 입각한 명분만을 중요시하여 위험을 무릅쓴 실제정치의 개선에 등한히 했다고 비난한다.

이러한 그의 여러 정치사상은 지난 1973~74년에 중국을 휩쓸었던 비림비공운동에서 역사상 수많은 법가사상가를 긍정했다는 점에서 존법

내지 법가사상가로 규정되기도 했다. 그의 정치사상 중 중요한 것은 인류역사를 치治와 난亂이 되풀이 되는 순환으로 파악했다. 인류의 문명이나 정치의 변화는 통치와 혼란의 순환이며, 소박함質과 번화함文의 상호 교체되는 것으로 때에 따른 변화는 그의 역사철학으로서도 지적된다.

어쨌든 그의 독특하고 격렬하며 유교비판적인 사상은 이지보다 조금 뒤에 살았던 유교적 사가들로부터 "옛부터 소인으로 거리낌 없이 성인을 반역한 자로서 이지보다 더 심한 이 없었다"라든가, "옛부터 전해오는 시비 및 선악의 표준으로서 이지에 의해서 그 자리가 뒤바뀌어지지 않는 것이 없다"는 비난을 받게 되었다. 즉 이지가 살던 명대나 그 후 수백 년간 그의 초시대적 혁신사상이 결코 수용될 수 없었다는 것을 의미한다.

인간관

역사서의 체제를 갖춘 이지의 저서만 해도 『분서』 6권, 『속분서』 5권, 『장서』 68권, 『속장서』 27권을 비롯해서 위서僞書 여부가 논란되는 『사강평요史綱評要』 36여 권 등이 있다. 그밖에도 그의 문학 및 인물평적 성격을 띤 『초담집』이나 서신 및 사생활이 생생하게 담긴 시문집인 『분서』와 『속장서』는 그와 그 당시 사회상을 보는 데 중요한 저서들이다.

『장서』와 『속장서』 등에서 그의 역사 서술체계는 기전체의 형식을 취하고 있고 『장서』 68권 중 60권이 열전이며, 『속장서』 27권 중에서도 26권이 모두 열전이니 그가 역사상의 인물평은 인간상에 중점을 두고 있음을 알 수 있다. 산중에서 별로 할 일이 없어 다만 천고의 인물들과 벗하였다는 그의 말처럼 관직을 스스로 떠난 후 20여 년간 적막한 산속에서 가족을 고향에 보내고 홀로 독서와 저서, 여행과 교우, 강학과 비판을 통해 장구한 역사 속의 군왕, 영웅, 학자, 악인 등 각양각색의 수많은 인물을 읽고 평가하였다.

그 점에서 이지는 인간을 깊이 연구하고 사랑하였으며 아울러 깊이 이해하려고 노력한 것이다. 그는 인간의 기원에 대해서 아주 소박하게 부부는 인간의 시작이며, 천지는 곧 한 부부이다라고 전제하고 처음에 사람이 날 때 오직 음양의 이기二氣와 남녀의 이명二命만 있었으며 부부관계의 태화·천지에 합치되는 것이라고 설명한다.

그의 인간관계의 중심은 인도주의적 평등관과 개성자유사상이다. 그는 인간은 평등하고 그들의 개성은 서로 다르므로 모두 스스로의 개인적 욕망에 얽매일 수밖에 없으며 의·식·주는 인간의 동등한 기본적 윤리라고 주장한다.

그런데 사람마다 본래의 앎을 갖고 태어난다고 하여 당시 양명학의 사상적 측면을 보여준다. 그는 사람의 덕성성격은 본래 극히 존귀하며 절대적인데 이것은 곧 독립과 중정을 의미한다고 보았다. 따라서 성인과 범인의 본래적 능력의 차이를 부정하면서 성인이라고 무조건 높여보거나 범인이라고 낮추어 보는데 반대한다. 그러므로 서민의 소박한 언어가 곧 선에 가까운 것이라고 하여 한 사람의 마음에 올바르면 천만인의 마음속에서도 올바르게 되는 것이라고 본다.

그의 평등관의 견해는 노자의 도덕경 해석에서 통치자와 피치자간의 동등문제가 하나로 화합하는 도致一之道로 설명된다. 즉 그는 왕과 제후들은 서민과 함께하는 것이 화합하는 길임을 알지 못한 때문에 그들을 스스로 귀하게 하고, 높게 하려는 것을 면치 못한다. 높은 사람은 반드시 그의 기반을 낮춰야 하며 존귀한 사람도 그의 근본을 천하게 해야 한다.

왜냐하면 모두가 하나로 화합하는 이치에 의하면 서민이 낮은 것이 아니고, 제후나 왕이 높은 것이 아니기 때문이다. 바퀴, 포장, 차축 등 한 차車의 여러 부분들은 하나의 차체를 구성한다. 그러나 사람들은 그 개개의 부분들을 별도로 생각할 수 있는가? … 이러한 관점에서 우리는 높고 낮음과 귀하고 천함을 보아야 하니, 만일 높고 낮은 지위에 지나치게 관심을 가지면 사람들은 하나로 화합하지 못한다는 그의 논리를 전개하면서 인간평등을 주장했다.

이지의 정치사상은 이와 같이 개성의 존엄과 사회 평등관에 입각한 자유・해방을 바탕으로 하고 있었으므로 그가 숭배하고 높이 평가하는 인간상도 그러한 성격의 인물이었음은 말할 나위도 없다. 따라서 중시하는 인간으로서 그의 흥감興感이 투철하고 내적인 의욕을 억누르지 못해 격정을 완화시킬 수 없으며 악조건에도 불구하고 발분發憤의 노력을 경주하는 형을 든다.

그에 의하면 전한 시대의 역사가로 불후의 명저 『사기』를 쓴 사마천이 바로 이러한 인물로서 그의 위대성은 성인을 따르지 않고 독자적이었다는 것이다. 따라서 형식화된 공자의 권위를 공격하면서도 그의 대작 『춘추』를 가리켜 쓸 것은 쓰고 깍을 것은 대담하게 깎아버려 옛 성인의 시비기준을 표준으로 하지 않고 후세 사람들에게 스스로 그것을 알아서 판단하게 했다고 격찬한다.

수천 명에 달하는 역사 속의 인물을 평가하면서 위에서 본 것처럼 풍도 같이 자기의 소신에 의해 사회의 허구적 명분이나 비난에 거리낌 없이 실리적 공적을 세웠거나, 전한 무제 때의 과부 탁문군卓文君처럼 부모의 허락 없이 집을 탈출하여 자유결혼을 성취하는 격렬한 독자성을 가진 사람들을 특히 중시한다. 그가 찬양한 많은 인물들은 중국의 역사에서 유가들에 의해 비난받거나 경멸된 법가와 법가 지향적 사상가들이었다.

이지는 그들은 저마다 일정한 학술과 능력을 갖고 시대의 형세와 물정의 변화에 적응해서 국가나 민중에게 이익을 가져왔으며 많은 유자들처럼 남의 자취만 흉내 내고 헛된 명분을 위주로 하지 않은 사람들이었다고 높이 평가하고 있다.

중국을 통일한 진 왕조의 말기 혼란기에 왕후장상이 어찌 그의 종자가 따로 있겠느냐는 기치아래 중국 최초의 농민반란을 시도한 진승陳勝을 필부수창匹夫首倡이라 하여 옛날에 없었던 일이므로 그의 이름을 특히 드러내어 쓴다고 덧붙였다.

한편 당 시대의 측천무후의 집권이나 그녀의 정권을 도왔던 명장 이세적李世勣, 593-66이 나라를 망쳤다는 후세 사가들의 비난에 대해 이의를 제기하고, 명분만을 위해 순절한 많은 신하들보다는 굴욕을 참으면서 후일을 기약한 능란한 정치가 적인걸狄仁傑, 630-700 같은 인물을 찬양한다.

그의 인물평가가 곧 그의 인간관이며 이 인간관이 전통적 유교사가들과 많이 달라 스스로의 생명을 재촉하는 화를 자초하게 된 것이다.

여성관

이지의 폭 넓은 혁신사상 중 자주 거론되는 것이 그의 여성관이다. 삼종사덕三從四德이 강조되고, 현모양처를 표방하며, 칠거지악과 '여자는 재주 없는 것이 덕이다'라는 말들이 거론되던 당시의 사회에서 이지는 상당한 정도의 여성평등을 주장했으며 거센 비난에도 불구하고 그 이념을 몸소 실천했다.

그는 사대부의 딸과 부녀자들에게 글을 가르쳤고 특히 남자와 동석시켰다고 격렬한 비판을 받았다. 그는 호북성 마성현의 지불원이란 불사에서 여성들에게 학문을 가르친 것은 확실하다. 그 증거로 그의 저서인 『분서』에는 5명의 여인들의 이름이 나오며 서신을 통해서 불교의 교리를 강론하고 있다. 특히 그 중의 한 과부는 친한 친우 매국정의 과부된 딸이며 매우 총명해서 그의 칭찬을 받고 있는데, 그 여인과 이지 사이를 오해한 나머지 당시 주위 지식인들로부터 패륜아라는 격심한 공격을 받게 된다.

위의 여러 사실들은 당시의 사회윤리로써 용납될 수 없었음은 말할 필요도 없다. 이 문제에 대해서 그를 아끼는 제자나 친구들은 그의 결백을 열심히 변호하는데 대해 그 자신은 오히려 남녀간의 애정은 인간의 소박한 마음이며 자기 자신을 속이지 않는 진리에 도달하는 길이라고 대담하게 항변한다.

그의 저서 『초담집』에서 오륜 중 「부부편」을 제일 앞에 놓고 총론을 통해 부부관계를 대담하게 모든 것의 시초라고 공언한다. 그의 여성관으로 자주 인용되는 것은,

「여자가 도를 배우는데 그의 견식이 남자보다 부족하다는데 대한 답서」라는 긴 제목을 가진 편지에서 그는 부인의 견식이 부족해서 도를 배울 수 없다는 견해를 맹렬히 비판하면서 여자가 남자보다 열등한 것은 그들이 집안에서 여자를 교육시키지 않았기 때문이라고 반박한다.

그는 더 나아가서 이 세상 남녀가 있다고 하면 옳지만 견식에 있어서 풍부하고 부족한 사람이 있다면 옳지만, 남자의 견식은 모두 풍부하나 여자의 견식은 모두 부족하다고 하면 이 어찌 옳겠는가?라고 반문하고 역사상 유명한 여인들을 예로 들면서 그러면 그들을 어떻게 설명해야 하

느냐고 힐난한다.

그는 또 역대의 사가들이 왕조멸망의 원인에 달기妲己, 말희妹喜 같은 여인들이 통치자를 혼미케 했다는 데서 찾는 견해를 반대하여 한의 무제나 위의 무제 조조는 많은 여인을 가가까이 하면서도 커다란 정치적 업적을 성취했으니 쇠망의 원인은 보다 근본적으로 통치자의 무능에서 찾아야 한다고 단언한다.

전한 무제 때부터의 과부 탁문군199-117 B.C.은 부모의 승인 없이 당대의 대문인 사마상여?~117 B.C.와 자유롭게 결혼한 것을 천하제일의 결혼방법이라 칭찬했다. 특히 당의 측천무후를 남편 고종보다 열배 낫고 아들 중종보다 일만 배나 낫다고 칭찬하면서 그의 정치적 능력을 극찬하여 만세의 모범이라고 평가한다. 그의 외아들이 익사한 것을 애도하는 시에서 며느리를 가리켜 재가해야하겠다는 것도 그 당시 사회윤리로는 보기 드문 것이라 하겠다.

그의 부인 황 씨가 세상을 떠났을 때의 글들에서 그는 부인을 가리켜 부덕을 고루 갖춘 현모양처였음을 회상한다. 그러나 그녀가 남편인 이지의 학문적 생활을 이해하지 못한 것은 단 하나의 유감된 일이라고 애석해 한다. 열화 같은 학문탐구의 생활에서 예리한 지적인 여인은 그에게 단테의 베아트리체 이상의 의미가 있었을 것임에 틀림없다. 이것은 그의 여성관에 커다란 영향을 주고, 반대로 그가 넓게 읽은 많은 역사책 속에서 능력 있는 여성들을 통해서 그의 여성관은 형성되었을 것이다.

그의 여성관은 그 시대의 성격으로 보아서 가히 혁명적인 것이었으며, 예리한 비평을 통해서 남녀 불평등의 근본적인 핵심을 지적했다는 점은 이지의 평가를 한층 높여주는 역할을 하고 있다. 『이대학보』 1983. 3. 21

2) 이탁오의 역사시비론

이 글은 1986년 정치적으로 국회에서 반공과 통일을 둘러싸고 국시 논쟁이 벌어져 시끄러운 때에 이탁오의 역사시비론을 경희대의 『대학주보』에 기고한 것이다.

이탁오와 시비의 문제

우리는 매일의 생활에서 시비 판단의 문제에 접한다. 이 시비의 문제는 바로 판단과 그의 기준이며 동시에 선악과도 관계되는데, 중국사에서는 중요시되어 온 도道와도 깊은 관련을 갖는다.

이러한 시비의 문제는 한 사회나 국가의 현재에 관한 정신적 위치의 정립이나, 미래에 관한 지표로서도 중요한 의미가 있다. 그런데 사회에는 많은 사람들이 서로 다른 생각들을 갖고 있으므로 시비는 서로 부딪쳐 그에 대한 다툼이 일어나게 마련이다. 그러나 우리의 사회는 복잡하고 다양한 속성을 갖고 있기 때문에 이념이 다양하다고 해서 크게 놀라거나 비관할 필요는 없으리라고 본다. 왜냐하면 토론과 타협을 통해서 우리는 이들 이념 중에서 공통의 분모를 찾아서 조화시켜 나갈 수 있기 때문이다.

그런데 크리스트교의 서양이나 이슬람교의 아랍 지역같이 강한 종교적 성격을 지닌 지역들에 비해서 우리의 동북아는 시비의 표준이나 선악의 기준으로서 '신'과 같은 절대자에 의지하기보다는 오히려 인간에 훨씬 친근한 역사와 역사의 심판에 매우 커다란 비중을 두고 있다. 이러한 동북아의 사상과 문화에 절대적 영향을 끼친 것은 유교 사상이다. 유교

문화권에는 역사 서술이 매우 중요시되었고 어쩌면 숭배의 대상으로까지 되어 왔다.

필자는 이 시비 문제를 생각하면서 16세기 중국의 한 진보적인 사상가인 탁오 이지의 역사관 및 역사시비론을 고찰해 본다. 이러한 고찰의 배경에는 이탁오라는 사상가의 성격과, 그의 시비론이 중국을 포함한 동북아의 역사상 매우 의미있는 시비이기 때문이다.

16세기 이탁오는 중국 문화를 형성해온 유교에 대해서 격렬한 비판을 퍼부었다. 유교의 종교적인 성격으로 보면, 그의 업적은 종교개혁을 주도한 독일의 마르틴 루터의 역할과도 유사하다. 그는 유교의 개혁을 시도했고, 개혁의 방향은 전통과 인습의 굴레로부터 유교를 해방시키려고 했다. 중국의 사상사에 있어서 공자나 주희처럼 거대한 사상 체계를 형성한 게 아니라, 오랫동안 형성돼 온 유교의 전통을 공격하며 파괴하려 한 것이다.

그런데 이러한 전통과 인습의 부정 및 비판은 곧 역사와 역사 인물 등에 대한 시비와 직결된다. 아직 서구의 사상적 영향을 받지 않았던 당시에 중국적인 방법으로 중국의 전통 사상과 문화에 대하여 가한 전면적인 부정 및 비판은 매우 의미가 큰 것이다. 서구의 문화가 우리를 압도한 오늘날에 있어서도 그러한 시도는 매우 중요한 의미를 갖는다.

이탁오의 사상과 그의 역사관

이지는 오랫동안 관학의 자리를 지켜온 주자학에 반대하여 왕양명 1472-1528에 의해 대성된 양명학의 영향을 받았다. 그는 양명학의 때 묻지 않은 본성인 '양지'와 '양지에 도달하려는 노력致良知'을 중요시했고 '지식은 행위의 시작이며 행위는 지식의 완성'이라는 '지행합일知行合一'을 실천하려고 노력하였다. 한편 그는 대철학가이며 대장군이기도 한 왕양명을 크게 존경하였다.

그는 종교인이 아니고 학자며 사상가여서 한 학설이나 특정한 교리에 얽매이지 않고 중국 사상의 3대 주류인 유교·불교·도교의 진수를 흡수하는 '삼교합일三敎合一'의 사조 외에도 선진 제가의 사상이나 이슬람교 및 천주교와도 접촉했다. 이러한 그의 학문과 진리의 개방성으로 그는 "굶주림에 직면한 사람에게는 쌀밥·조밥을 가릴 여유가 없듯이, 나처럼 도에 주린 사람에게는 공자와 노자의 학문을 가릴 겨를이 없다"고 솔직하게 말하였다.

그러나 그의 사상적 진가는 그의 내용뿐 아니라 유교의 전통과 역사적 인물들에 대한 '비판성'에 있다. "시비是非하는 마음은 곧 지智의 시작"이라는 맹자의 사단론四端論이나, 크리스트교를 공격한 루터 역시 훌륭한 기독교인이었던 것처럼 이지 역시 비판을 통해서 그의 위대한 사상성을 발휘하고 있는 것이다.

한편 "막지 않으면 흐르지 않고, 파괴하지 않으면 세워지지 않는다不塞不流, 不破不立"란 고대 중국의 명언처럼 부정과 비판은 바로 새로운 건설과 형성의 시작이라고 볼 때 그의 비판이 근대 이래의 중국에서 '근대사유의 싹'이나 '중국 반봉건 투쟁의 선구자' 등으로 불리는 것은 충분한 설득력을 갖는다. 한편 신랄한 비평가이며 선구적 사상가일 뿐 아니라 독특한 역사론을 전개한 역사가이기도하다.

역사 인물의 평가에 있어서 탁오에게 중요시된 것은 독자성을 갖고 두려움 없이 살면서 역사적인 공적을 이룩한 사람들이었다. 이러한 그의 서술 태도는 곧 자신의 역사론과 인물 평가에도 독자성이 절대적으로 작용하고 있음을 말해 주는 것이다. 이러한 점에서 그는 중국 고대의 위대한 역사가였던 사마천이 “성인의 도에 많이 어긋나게 역사를 서술했다”는 것을 극구 찬양한다.

남의 자취를 비판 없이 그냥 따라 전통과 인습을 추종하는 것을 맹렬히 반대한 점에서 그는 어쩌면 역사가로서의 ‘일가의 학설’을 강조하여 중국 사상 ‘유일한 역사 철학자’로서 평가되기도 하는 청대 장학성章學誠, 1738~1801의 한 선구자였다고 할 수 있겠다.

역사시비는 정해져 있지 않다

위에서 본대로 탁오는 역사인식과 역사 서술 및 역사 인물 평가에 있어서 그의 시대와 역사를 꿰뚫어 보면서 예로부터 전해오거나 지금 행해지는 전통과 인습을 무조건 따르기를 완강히 거부하였다. 이러한 태도로 역사 인식과 역사 서술에 임하는 그의 역사관을 바탕으로 형성된 그의 시비론을 살펴보기로 하자.

1602년 그가 76세가 되던 해에 그를 탄핵한 장문달?-1625의 상소문에는 여불위呂不韋, 이원李園,, 이사李斯, 탁문군, 상홍양 등에 대한 탁오의 인물 평가와, 진시황을 천고일제千古一帝로 하고, “공자의 시비로써 족히 세상 시비의 표준을 삼을 수 없다”고 한 것이 가장 중요한 정죄定罪의 이유로 지적되고 있다. 이 점에서 그는 역사 인물 평가의 논쟁에 관련되어 공격을 받고 희생되었음을 알 수 있다.

그의 시비론의 핵심적인 주장은 주저인 『장서』 속에서 발견되는데, 그는 68권이나 되는 이 저서의 전체 서문 격인 「세기열전의 총목전론」에서,

"사람의 시비는 처음부터 정해진 바탕이 없으며, 사람의 사람에 대한 시비도 역시 정해진 논의가 없다"

고 대담히 단언하면서 그의 역사 및 역사 인물에 대한 평가의 대전제를 내어놓는다. 따라서 그는 여기서 역사의 시비에 대해 가변성可變性을 암시하고 있는 것이다. 그는 이어서,

"오늘의 시비는 나 개인의 사적 시비라 해도 좋고 천만세 대현인의 공적 시비라 해도 역시 좋다. 거꾸로 내가 천만세의 시비를 뒤집었다고 하거나 나의 시비한 바를 다시 부정해도 역시 상관없다. 또 나의 시비를 믿어도 좋다"

고 자기의 시비의 정당성을 고집하지 않는다. 이것은 자기의 시비가 대현인의 시비로도 가능하다는 긍지와 반대로 천만세의 시비를 뒤집은 것으로 비장하게 자처하면서, 자기의 시비를 부정해도 좋다는 입체적인 논리를 합리적으로 전개한다.

더 나아가서 그는 중국 고대사의 하·은·주의 3대는 공자의 출생 이전으로 논하지 않고, 맹자의 사후 이어지는 한·당·송간의 중간 일천백년을 논하면서 시비의 준거가 없었다고 단정하는데 그 이유가,

"어찌 그때의 사람들이라고 시비의 표준없이 살았겠는가 하지만 그들은 모두 공자의 시비로 시비의 표준을 삼았으므로 이런 까닭은 일찍이 시비가 있을 적이 없었다"

고 주장한다. 이 논거의 바탕은 송대의 정이1033~1107, 주희1130~1200 등

성리학자들이 주장하는 도통론으로서 요·순·주공·공자를 통해 계승되어온 도의 계통은 맹자의 사후 끊어졌다가 송대의 정이·주자 등에 와서야 다시 접속된다는 것이다. 따라서 탁오는 이 도통론에 대한 공격은 곧 당시의 지배적 이념이었던 성리학에 대한 부정이며 공격이 된다.

그는 계속해서 시비의 본질과 속성을 설명하여,

> "시비를 둘러싼 다툼은 세월과 시간의 흐름에 따르고, 밤과 낮처럼 늘 바뀌어서 하나로서 고착되는 것이 아니다. 따라서 어제 옳던 것이 오늘에는 틀리고, 오늘에 틀린 것이 후일에는 또 다시 옳게 된다"

고 한다. 이것은 역사의 시비 논쟁의 본질을 아주 쉬우면서도 명백한 비유를 통해서 잘 설명해 주고 있는 것이다. 이렇게 때에 따른 변화의 추이는 중국적인 '변혁'의 조화를 강조하는 『역경』의 사상이면서, 한편으로는 서양 철학자 헤겔1770-1831의 변증법적 사상에 어느 정도 접근하고 있음을 보여주는 것이다. 탁오의 공자의 시비에 대한 결정적인 공격은,

> "비록 공자로 하여금 오늘날에 다시 태어나게 하더라도 그 또한 어떻게 시비의 표준을 해야 할지를 알지 못할 것인데 어찌 가히 공자의 정해진是非의 표준定本으로 상과 벌賞罰을 행할 수 있단 말인가?"

로 이어져 반론의 여지가 없이 명쾌하고 예리하게 전개된다. 이러한 그의 시비무정론是非無定論의 확고한 결론을 위해서 그의 논문의 끝은,

> "본서장서를 읽는 것은 독자 제군들에 맡기겠으나, 단 한 가지 제군들은 공자의 정해진 시비의 표준으로 상과 벌을 행하지만 않았으면

좋겠다"

고 당부하면서 못을 박는다. 이와 같은 그의 역사 시비에 관한 서술적 태도는 수많은 그의 저서 중 도처에서 발견된다. 『장서』 속의 다른 곳에서 그는 "만약 일정한 학설을 고집한다면, 이것은 이미 죽어 버린 특정한 시비의 표준으로 후세에 통행시켜 하나를 고집함으로 바로 도진리를 해치게 된다"고 주장한다. 따라서 중국의 고대 요순으로부터 도가 계속되고 있다는 도통론을 부정하면서, "도가 사람에게 있음은 물이 땅에 있음과 같으니, …… 물 없는 땅이 없고, 도를 갖지 않은 사람도 없다"고 선언하고, "맹자의 사후 도통이 끊어졌다는 말은 참으로 커다란 잘못"이라고 힐난하면서 도통이 끊어졌다는 한과 당의 시대보다 도통을 다시 접속시켰다는 정이·주희가 활약했다는 송대960-1276가

"어째서 강성하지도 못하고 숨이 끊어지려는 사람처럼 혼수상태의 약세를 면치 못했으니, 그렇다면 도의 전傳을 잃었던 때만 같지 못하다."

고 신랄하게 도통을 부정한다.

이러한 그의 부정은 그의 『분서』 속의 유명한 「동심설」에서도 계속되고 있으니,

"약과 의술은 병에 맞게 주어져야지, 그의 처방이 일정하게만 이루어질 수 없는데 가히 이것공자의 시비 표준으로써 만세의 지당한 논의로 할 수 있겠는가?"

라고 공격을 퍼붓는다.

탁오의 주장은 시비와 시비의 표준은 시대와 그 시대의 형세에 맞춰 융통성 있게 독립성과 자주성을 가져야 한다는 것을 의미한다. 역사상의 시비 문제는 "성인의 시비에 반드시 합당해야 할 필요가 없으며, 공자도 그의 역사서인 『춘추』에서 쓸 것만 쓰고 뺄 것은 삭제해서 처음부터 옛 성인에게서 그의 시비의 표준을 찾으려 한 적은 없었다"고 문제의 본원적인 곳을 찌르고, 공자 자신도 후세에 자기의 시비 표준을 따르라고 한 적은 없었다고 꼬집었다.

위에서 살펴본 대로 탁오의 칼날과 같이 예리한 부정과 조소 및 비판과 공격의 실례에서 우리는 그의 역사 혹은 역사 인물 평가를 통해서 시비 표준에 관한 독립성과 자주성은 물론 객관성과 합리성을 잘 알 수 있게 된다. 그러나 이탁오의 그러한 독자적인 시론은 유교적 시비관에 젖어 있던 명 말 16세기의 봉건적 전제 사회에서는 도저히 용납될 수 없어 76세의 노인으로서 탄핵으로 구속되게 했고, 그의 열화 같은 투쟁적인 생애의 종말을 가져왔다.

탁오의 사후 그의 모든 저서는 금서禁書로 되어 불태워지고 20세기 초 민국시대에 와서 그의 사상은 처음으로 긍적적인 평가와 찬양을 받게 되었다. 그의 역사시비론에 대하여 명말청초의 대학자였던 고염무조차도,

"예로부터 오늘에 이르기까지 소인으로서 기탄없이 성인을 감히 반역한 자로서 이지보다 더한 자는 없었다"고 정죄했으며, 청초에 『사고전서』의 편수를 주관한 사학자 기윤은 이탁오를 가리켜, "공자를 배격하고 별다른 포폄褒貶의 기준을 세워 무릇 천고상전千古相傳의 선과 악의 위치를 뒤바꿔 놓지 않은 것이 없다"고 혹평하였다.

맺는말

16세기 중국의 위대한 사상가였으며 중국사상 보기 드문 비평가였던 이탁오와 그의 사상 및 역사시비론을 살펴보았다. 아울러 한 사회의 시비를 둘러싼 논쟁들이 매우 복잡하고 그 시대의 사상적인 위치의 정립이란 점에서 그것의 아주 중요한 의미를 생각해 보았다. 이러한 시비의 다툼이야말로 다른 말로 '국시의 논쟁國是論爭'으로도 표현될 수도 있는 것이다. 따라서 76세란 비교적 장수한 이탁오의 불의와 모순에 대해 지칠 줄 모르는 조소와 부정, 비판과 공격을 퍼부은 열화 같은 투쟁적 생애와 그 속에서 얻어진 역사시비론은 바로 그 당시 '국시논쟁'의 성격을 띄운다.

대부분의 사람들에게 '만세사표萬世師表'나 '지성선사至聖先師'로 의심 없이 추앙된 공자나 유교의 이념에 대해 시비 표준의 이의를 제기한 것이다. 이것은 확실히 중국의 지배적인 이념의 부정이며 지배 체제에 대한 간접적인 공격이 되는 것이다.

그가 역사를 읽거나 서술할 때의 백천만인의 적과 대치하는 비장한 각오로 임했다는 것이나, 역사 서술에 있어서 정해진 시비 표준에 얽매이지 않는 독자성 및 역사와 역사인물과 그 자신을 일치시키는 등의 태도는 오늘날의 역사가들에게도 커다란 교훈이 된다. 더구나 수천 수백여 년 동안 계속해서 형성되어온 유교적 시비표준의 부정이나, 역사 및 인물 평가의 시비기준은 세월과 때에 따라 형세에 맞춰 변화해야 한다는 그의 시비론은 실로 역사관과 객관성과 합리성을 잘 보여주는 것이다.

천만세의 시비를 뒤집으면서도 자기의 시비만을 고집하지 않고 객관화시켰으며, 열화 같은 비판으로만 시종한 것이 아니고, 그 자신 수많은 저작들을 남기는 성실한 노력가였다. 따라서 그 역사시비론의 중요한 의미는 20세기 중국의 현대사에서도 공자와 유교를 국교로 만들려는 보수주의적 세력이 여전히 강했었기 때문이다. 그러므로 이탁오의 역사시비론은 확실히 중국 근대 지성사의 투철한 공헌이며, 아울러 중국사에서 역사인식과 비평의 훌륭한 정화이었다고 하겠다.(『대학주보』 1986.12.1.)

2. 21세기 초 대중매체, 신문

1) 이지 사상의 고향, 취안저우

이지의 고향인 취안저우를 동양 사상의 고향으로 보도한 『동아일보』

회교사원 청정사

의 기사 2002. 12. 26가 눈에 뜨인다. 미완성의 사상 혁명으로 보는 이탁오의 고향에서 이슬람의 전통을 찾는 기사이다. 특히 이탁오가 당시 난징에서 3차례나 이태리 선교사 마태오 리치를 만나 교유한 사실을 높이 평가한다.

유교가 중국을 지배하던 시대에 불교 도교뿐 아니라 기독교와 이슬람교까지 넘나들며 기존 이데올로기와 맞섰던 그는 76세의 노인으로 최악의 사상범으로 감옥에서 목을 찔러 자살했음을 강조한다.

송대 이래 아랍세계와 교류가 활발했던 문화와 사상의 통로로 해상 실크로드의 출발지인 취안저우의 울창한 수림에는 회교의 성인 묘지와 15세기 초 대항해가 정화의 출발지를 확인한다. 그 후 수백 년 동안 사상적 이단자, 반봉건 상업자본 이데올로기의 대변자, 선구적 근대사상가 등으로 끊임없이 재평가돼 온 그는 현재 베이징의 퉁저우에 있는 '서해자공원' 한구석 커다란 비석 옆에 묻혀 있다.

그의 고향인 취안저우 시는 샤먼廈門시와 함께 대만과 마주하고 있는 남방의 여유를 느낄 수 있는 항구도시이다. 이지의 시대에 서방과의 교류가 활발했던 이곳은 이슬람교와 기독교의 유입 통로이기도 했다. 이지의 집안에도 이슬람교도가 있었고 그의 아내 황 씨도 이슬람교도였다.

그는 인간의 욕망을 억누르고 천리天理를 따를 것만을 주장하던 당시의 유학을 비판하며 인간의 현실적 욕망에 주목했다. 현실 속에서 불평등하게 실현되는 욕망의 상황을 인정하면서 지배층과 피지배층간에 욕망 실현의 평등함을 이루기 위해서는 먼저 욕망 자체를 인정해야 했다. 다만, 그는 무절제한 사욕私欲의 추구를 막기 위해 저마다 무선무악無善無惡한 동심으로 돌아갈 것을 역설하며 인욕人欲과 천리天理에 대해 근본적으로 반성할 수 있는 길을 열었다. 그는 자신의 대표적 저작에 『분서』와 『장서』라는 의미심장한 이름을 붙였다. '감춰 둘 책'이라는 뜻의 '장서'에서는 수천 년의 역사를 자신의 관점으로 비평했다. "그 시비판단은 육안肉眼으로 보아서는 이해하기 힘들기 때문에 땅 속에 묻어 감추려 한다."고 서문에 썼다.

'태워 버릴 책'이라는 의미의 『분서』는 친구들과의 편지를 모은 것으로 당시 학자들의 고질적 병폐를 파헤쳤다. 그는 "그들은 반드시 나를 죽이려 할 것이므로 태워 버려야한다"고 강조했다. 그럼에도 이 책들을 간행하려 한 것은 언젠가 이를 진심으로 이해하는 사람이 있으리라 생각했기 때문이다. 그의 생각은 틀리지 않았다. 수많은 사람들이 그를 죽이려 했고 그의 책은 뒷날 다시 읽혀졌다.

그는 죽기 직전까지 이 치열한 싸움을 그치지 않았다. 오늘날 취안저우 시 한 골목에는 젊은 날의 그가 사상의 혁명을 꿈꾸던 옛집이 초라하지만 단정하게 남아 있다고 보도하였다.

2) 유교에 도전한 동양의 루터

저자의 이탁오 평전, 『공자의 천하 중국을 뒤흔든 자유인 이탁오』지식산업사, 2006.2. 21의 출간은 한국 최초의 평전이라며 거의 모든 일간지들이 한국 이지연구의 중요한 시대적 공헌임을 강조하였다. 특히 이는 민주화 시대에 젊은 학생이나 연구자들에게 큰 관심의 대상이던 이탁오 연구가 이제 한국에서 본 궤도에 오르고 있음을 역설하였다.

앞서 홍순직 교수의 중국인 옌리에산鄢烈山 주지엔국朱健國의 『이지평전』이 번역된데 이어 김혜경 교수의 이지의 『분서』 번역에 뒤이은 것으로써 연구사적인 의미를 부여한 것이다. 학술적 저서가 정치와 연예의 기사에 비해 극히 많지 않은 현실에서 이례적인 호평이었다.

이것은 아마도 죽은 후 400년이나 이름과 저서가 『사고전서』의 금서 속에 파묻혔던 것처럼 우리 사회에는 공개적이고 사회적으로 거의 알려지지 않은 시대를 고발한 독특한 사상가이었기 때문일 것이다. 그 중에 비교적 크게 보도한 동아일보의 내용을 살펴본다.

『동아일보』는 「중국 명나라 사상가 이탁오 평전」이란 제목으로,

"이탁오는 자신의 사상이 온축된 책의 이름을 '읽고 나서 불태우라'며 『분서』라고 지었어요.

또 자신의 방대한 역사평론서는 '읽고 나서는 묻어버리라'며 『장서』라고 이름 지었지요.

실제 그가 죽고 난 뒤 명의 신종황제는 '이탁오의 책을 모두 불태우라'고 세 차례나 칙령을 내렸습니다. 그러나 그의 책은 '태우려 해도 태워지지 않고焚而不焚, 감추려 해도 감춰지지 않는藏而不藏' 생명력을 발휘했고, 그가 예견한 것처럼 몇 백 년 후 빛을 발하게 됐습니다."

최초의 근대적 아시아인으로 꼽히는 중국 명 말明末의 사상가 탁오

이지에 대한 국내 학자의 첫 평전이 나왔다. 30여 년간 이탁오 사상을 연구해온 신용철 경희대 명예교수가 펴낸 '공자의 천하, 중국을 뒤흔든 자유인 이탁오'지식산업사이다.

신 교수는 1970년대 독일 하이델베르크 대학에서 이탁오에 대한 연구로 석사와 박사학위를 받고 국내로 돌아온 뒤 총 25편의 논문을 발표하며 국내의 이탁오 연구를 주도해 왔다. 이탁오는 공자의 가르침에 대한 해석학적 전통주자학에 도전장을 내며 개개인의 내면적 깨우침이 더욱 중요하다고 강조한 양명학 최대의 이단적 사상가였다.

그는 공자를 '구丘라는 이름을 가진 일개인'이라는 뜻으로 구을기丘乙己라고 부를 정도로 공자를 역사적 존재로 환원시키며 유불선의 통합적 지식을 꿈꿨다. 결국 이 때문에 이단으로 몰려 감옥에 갇혔고 자신의 사상을 꺾지 않기 위해 75세에 자결했다. 그의 책은 청대에도 금서였지만 20세기 초 중국의 근대화를 위해 유교적 전통에서 해방돼야 한다며 '공자의 상점을 타도하자'를 외쳤던 5·4신문화운동 때 주목받기 시작했다.

그리고 문화혁명 기간에 '린뱌오林彪와 공자를 비판하자'는 비림비공운동의 상징적 존재로 부각되기도 했다. "이탁오는 이후 중국뿐 아니라 일본과 서구에서도 아시아 근대 사상의 시원으로 연구됩니다. 이탁오는 사상의 자유와 남녀평등의 주창자였기 때문입니다. 그를 탄핵한 글의 3분의 2는 그의 여성관을 공격한 것이었습니다."라고 말하는데, 국내의 이탁오 연구는 최근에야 본격화되고 있다. 2004년 이탁오의 '분서'가 처음 완역됐고 2005년 중국학자들이 쓴 '이탁오 평전'돌베개이 번역됐다. 신 교수는 이탁오에 대한 책을 내려고 30여 년간 노력했는데, "이탁오의 사상을 하나로 포괄할 수 있는 개념을 찾기 힘들었습니다. 이제야 도달한 개념은 모두를 포용하면서도 무엇에 도 구애받지 않은 '자유인'이었습니다.

그가 유불선의 모든 사상을 포용하고 긍정했음에도 당대의 모든 사상가로부터 배격된 것은 오로지 개인과 사상의 자유에 장애가 되는 것을 맹렬히 미워했기 때문입니다." 신 교수의 책은 중국뿐 아니라 일본과 서구의 이탁오 연구성과를 골고루 반영했다. 그러나 전문적 학술서가 아니라 대중적 교양서를 지향했다.

16세기 한중일의 선각자적 동시대인으로 이탁오와 이순신 장군, 도쿠가와 이에야스德川家康·1542-1616를 공동 주인공으로 등장시킨 일본 만화의 내용까지 담았다. "세계사적 관점에서 본다면 이탁오는 동양의 마르틴 루터였습니다. 신앙의 자유를 주창했던 루터의 종교개혁이 성공한 것이 서양 근대화의 중요한 뿌리가 됐지만, 이탁오의 사상혁명이 좌절된 동양에서는 그것이 훨씬 뒤지게 된 것이지요. 따라서 우리의 근대화 문제에 천착하기 위해선 이탁오에 대한 연구와 투철한 이해가 필요합니다."

일간지로서는 매우 긴 소개와 서평이었다. 『중앙일보』는 「16세기 중국서 공자를 뭉갠 이단아」란 제목으로,

"흔히 서양의 중세를 암흑기라고 부른다. 인간정신이 사라진 빈자리를 채운 신이 득세한 시대였기 때문이다. 중국에서도 비슷한 시기가 있었다. 1911년 신해혁명까지 지속된 봉건시대다. 동양적 전통인 공자 사상이 태동하고 한 이후 국가의 지배이데올로기가 되면서 개인으로서의 인간 존재는 '동결 건조'된 때문이다.

유학이 지배하던 시기 공자는 "만세의 모범"으로 추앙받았다. 16세기 중국에서 공자와 유학 비판은 불온함을 넘어 목숨과 바꿔야하는 위헌 그 자체였다. 이 시기에 무모한 길을 택한 인물이 바로 이탁오. 본명 이지보다 호로 더 알려진 그는 자유로운 인간 이성의 표현이었다.

그는 " 유교당시의 성리학론 시비의 기준을 삼을 수 없다"며 공자 사상의 해체를 외쳤다. 명대 양명학의 세례를 받았던 그는 외부의 방해

를 일체 받지 않은 마음, 즉 동심을 인간 개체가 지닌 최고 상태의 자유로 인식했다. 성리학자들이 배척한 개인私, 욕망慾, 이익利을 긍정했다. 여성해방까지 부르짖다 탄핵을 받아 옥중에서 투옥 중 자결했다.

중국의 근대정신이 분출한 1919년의 5·4 운동 시기에 "봉건주의의 상징인 공자를 타도하자" 던 젊은이들이 이탁오를 재조명한 것은 당연한 귀결이었다. 국내의 본격적인 이탁오 연구서인 이 책은 독일 하이델베르크 대학에서 이탁오 연구로 학위를 받은 경희대 신용철 명예교수의 역작이다.

공자·맹자·주자 등을 무차별 공격한 『분서』와 『장서』 등 이탁오의 명저와 삶을 입체적으로 탐색했다. 20세기 국내 학계에서 이탁오를 "미치광이"로 몰아붙였던 시절에 이탁오 연구에 매 달렸다는 사실만으로도 저자의 열정을 엿보게 한다.

로 저서의 내용과 의미를 잘 요약 보도했다.

그 밖의 연합 뉴스, 조선일보, 국민일보, 한겨레신문, 서울신문 등도 짧게라도 저자의 저서에 대해 소개해주었다. 『월간조선』은,

신용철 경희대 명예교수는 최근 『공자의 천하 중국을 뒤흔든 자유인 이탁오』2006.03를 펴냈다. 이탁오는 성리학의 유일체제에 도전했다가 이단으로 몰려 죽은 명 말의 사상가이다. 신 교수는 "어려서부터 인습因習으로 굳어져 일상을 구속하는 유교에 대해 비판적이었고, 그 연장선상에서 이탁오를 주목하게 되었다"고 말했다.

독일 하이델베르크대학에서 이탁오로 석·박사 학위를 받은 지 33년 만에 펴낸 이 책에서 신 교수는 이탁오의 생애와 사상뿐 아니라 그의 사상이 한국과 일본, 현대 중국에 미친 영향도 자세히 소개하고 있다.

라며 사진과 함께 소개했다.

3) 바른 길을 걸어 죄인이 되다

저자의 저서 출간 이후 KBS의 사회교육방송의 「나의 삶, 나의 보람」 프로그램에서 2006년 3월 8일과 9일 두 차례 저서에 대해 저자와 유애리 아나운서의 대담을 요약해 본다.

질문 : 나의 삶, 나의 보람 유애리 입니다. 오늘은 경희대의 명예 교수이신 신용철 교수님을 모셨습니다. 일생 동안 이탁오를 연구하신 선생님께서는 16세기 중국의 진보사상가 이탁오에 대해서 평전을 쓰셨습니다. 『공자의 천하 중국을 뒤흔든 자유인, 이탁오』란 좀 긴 제목의 책입니다. 정년 후에도 계속해서 이처럼 연구 활동을 하시니 참으로 좋게 보입니다.

대답 : 1972년 독일 하이델베르크 대학에서 석사학위를 시작할 때부터 이탁오에 관심을 가졌습니다. 그에 대한 연구로 박사학위를 받았고, 귀국 후 대학에서 가르치며 연구하는 동안 역시 그에 대한 관심을 버리지 못했습니다. 정년 후 계속해서 이제야 겨우 연구를 모아 책을 내게 되니 매우 기쁘면서 아울러 보람을 느낍니다.

질문 : 독일 유학시절 어떤 계기로 이지에 대해 연구를 하게 되었습니까?

대답 : 독일의 하이델베르크 대학 유학시절, 석사학위의 논문주제를 정하느라고 고심할 때였습니다. 우리나라에서는 금지되어 접할 수 없는 『인민일보』와 『광명일보』 등 사회주의 중국의 일간지를 호기심으로 읽던 중 이탁오라는 인물이 당

시 중국에서 대단히 크게 찬양되고 있는 점에 마음이 끌렸습니다.

1973년 8월부터 1974년 12월까지 중국에서는 정치적으로 모택동의 후계자로 지목되었다가 실각한 국방부장 린뱌오와 공자를 비판하는 비림비공운동이 대중운동으로 격렬한 때였습니다. 그 후 그는 나의 석사 및 박사학위의 주제였을 뿐 아니라 지금의 이 저서까지 일생의 연구주제가 된 것입니다.

그래서 나는 가끔 『광명일보』에서 찾은 빛이라고 생각합니다. 그의 생애와 사상이 내게 너무 매력적이어서 내 생애와 학문의 중요한 동도자同途者가 된 것입니다.

질문 : 16세기 이탁오의 사상이 20세기의 중국에서 재조명된 시대적 배경은 무엇입니까?

대답 : 이탁오가 살던 16세기 말은 중국의 격동기였을 뿐 아니라, 유럽의 대 변혁기였습니다. 유럽은 르네상스와 종교개혁 및 지리상의 발견에 이어 정치혁명으로 놀라운 변화 속에서 새로운 세계를 찾기 시작했습니다.

1557년 포르투갈은 중국 남쪽의 마카오에 도착하여 무역과 천주교 등 문화전파의 교두보로 삼았습니다. 당시 중국의 명 왕조가 이미 쇠망해 가는 징후가 뚜렷해지고, 조선반도에서 벌어진 한・중・일 삼국의 국제 전쟁인 임진왜란을 7년간 국력을 크게 소모하고 있었습니다.

1602년 그가 감옥에서 자결한 후 그와 그의 사상은 금지되고 불태워졌고, 다음 왕조인 청대에 이르러서도 금서목록 속에 파묻혀버렸습니다. 그러나 1840년의 아편전쟁 이후 중국은 계속 침략하는 서양세력에 굴복하면서 그들의 재기를 모색하며 스스로의 약점을 찾기 시작했습니다. 그리고 그들은 큰 원인을 유교를 중심으로 한 전통사상에서 찾으려했습니다.

그러한 배경에서 역사 속에서 그들은 가야 할 길이 이미 16세기 이탁오에 의해 주장되었음을 발견합니다. 그래서 중화민국 초기의 선각자들이 이탁오를 발굴하고 그의 사상을 열심히 공부하게 됩니다.

질문 : 너무나 앞서서 불행했던 이탁오의 곡절 많은 삶에 대해서 말씀해주시지요.

대답 : 초등학교 교사급인 교유로 출발하여 북경과 남경의 국자감 박사를 거쳐 운남성 요안현 지부에 이르는 24년간의 관직 생활 중 항상 가난을 겪으면서 곧은 성격 때문에 상사와 충돌했습니다. 관직을 사임하고 친구 경정리의 형이며 대관인 황안의 경정향 가에 기숙하며 자녀를 가르쳤는데, 교육방법의 문제로 충돌하여 머리를 깎고 가족을 고향에 보낸 후 마성현의 작은 불사인 지불원에 머물며 학문과 교육 및 저술에 전념했습니다.

그의 유명한 저서인 『분서』와 『장서』로 세상에 이름을 드높였지만, 세상의 학자들이나 당권자들의 핍박을 받아 머물던 지불원이 불태워지고 쫓겨났습니다. 결국 북경 외곽의 통주에 머물던 중, 예과급사중 장문달의 탄핵으로 체포되어 옥중에서 자결하였다. 사후 모든 저서는 금지됨은 물론 불태워졌는데, 청대에 이르러서는 『사고전서』의 「금서목록」으로 중화민국의 초까지 파묻혀있었습니다.

그러므로 그는 살아서도 편안하게 한 곳에 머무를 수 없이 떠도는 나그네이었고, 죽은 뒤에도 그의 이름이나 사상은 역시 어두운 서고 속의 이단자로 「금서목록」에 갇혔던 불행한 사상가이었습니다.

그러나 1910년대 말 '5・4 신문화운동' 이후 현대 중국이 지향하는 사상의 목표로서 오천년 중국 역사의 문화 영웅으로 추앙되고 있음은 시대를 앞섰던 그의 사상을 실감하게 해 줍니다.

질문 : 우리나라 최초의 근대인이라 불리는 『홍길동전』의 저자 허균과 이탁오는 어떠한 사상적 관련이 있습니까?

대답 : 임진왜란 후, 조선의 사회적 부조리를 비판하며 개혁을 시도했던 혁명가이며 근대사상의 새싹이었던 허균은 이탁오가 43세 때 출생하였으니 33년간 같은 세상에 살았던 동시대인이었습니다. 그리고 이탁오가 죽은 뒤 16년을 더 살다가 역적으로 처형되었습니다.

유교만의 국가이념을 부정하고 불교나 다른 사상을 수용한 점이나 여성의 능력과 남녀의 평등을 주장하며 소설로 남길 정도의 허균은 그 당시로서는 너무나 시대를 앞서 간 진보적 정치가이며 사상가였습니다.

그러면 그러한 허균의 사상은 어디에서 왔을까하는 문제는 오랜 연구의 대상이었습니다. 아무래도 중국 이외의 다른 곳에서 영향을 받을 수 없었던 조선의 지적 풍토에서 시기적으로 보나 사상의 내용으로 보아 이탁오와의 관련을 찾으려는 노력이 일찍부터 있었지만 추정만 할 뿐 확실한 근거를 찾지 못했었습니다.

그러나 최근 즉 2006년에 와서 1615년과 16년에 명에 사신으로 갔던 허균의 저서인 『을병조천록乙丙朝天錄』이 발견되었는데 그 안에 이탁오에 관한 허균의 7언 절구의 3수가 발견되어 그의 영향은 확실한 근거를 갖게 되었습니다. 허균은 이 시에서, "세상이 탁오의 책을 태워버려도, 그의 도道를 다 태울 수는 없어 오히려 남아 있고, 탁오가 유교와 불교의 진리를 같은 깨달음으로 보았는데, 세상이 이를 시끄럽게 떠들었으며, 탁오의 인물론을 뒤늦게 읽은 후에 그 책 속의 인물들을 알게 되었다"고 그의 사상을 흠모합니다.

특히 그는, "탁오를 알고 나서 한평생 선禪의 기쁨 속에 살겠으며, 책이 비록 쓰여졌어도 아직 진秦의 분서갱유처럼 불태워지지 않았으나, 그래도 3번이나 대간의 탄핵을 받은 것이 그래도 마음의 기쁨위안이 된다"고 그의 시류에 반하여, 진리를 사랑하며 시대를 거역하는 사상을 보여주고 있습니다.

따라서 허균은 그보다 조금 앞서 살았던 사상가이며 정치가인 율곡이나 서애 유성룡이 전력을 다해 조선왕조를 지탱하며 부조리를 없애려는 노력을 보인데 비해, 임진왜란으로 만신창이가 된 조선왕조를 부정하여 혁명의 길을 택하여 싸우다 그의 생애를 마감하였습니다.

질문 : 오늘날 이탁오의 사상이 우리시대에 시사하는 바는 무엇입니까?

대답 : 쉽게 생각해서 공자와 유교를 반대하는 것이 오늘날 우리에게 별다른 의미가 없을 것처럼 보입니다. 왜냐하면 통계에 의하면 유교신자는 1% 미만이라고 하니 말입니다. 그러나 그의 저력이나 영향력은 아직도 매우 크다고 믿습니다. 2000년의 문턱에서 상명대학의 김경일 교수가 쓴 『공자가 죽어야 나라가 산다』는 저서에 대한 유림의 반발은 매우 거세며 아직도 법정투쟁이 계속되고 있습니다.

우선 그의 부지런하며 진리를 사랑하고 사회의 허구와 부조리 및 부패를 배격하는 삶의 자세는 우리에게 매우 중요한 교훈이 될 수 있습니다. 아울러 올바른 역사인식을 갖고 미래를 관망하며 항상 비판적 의식으로 창조적이고 독자적인 삶을 지향하는 것은 매우 중요합니다. 부지런히 탐구하며 모든 문제의 핵심을 파악하고 책을 읽으면서 그 안에서 자신의 삶을 찾는 태도도 매우 바람직합니다. 핵심을 파악하고 올바로 세상과 인물을 평가하는 능력이 매우 부럽기 한이 없습니다.

4) 독서, 나를 만나는 기회

서울 교통방송에서도 2006년 4월 6일 「독서 나를 만나는 기회」라는 제목으로 이탁오에 대한 가벼운 소개와 그의 「독서락」을 저자가 낭독했다.

<황원찬 아나운서와 5개항 문답 후 '독서락' 낭독>

아나운서 : 역사가 계속되는 동안 다수의 사람들에게 정신적인 지주가 되었던 학문에 반기를 들었다면 사회는 그를 용기 있다고 할까요? 아니면 치기 어린 반항으로 치부해버릴까요? 이 반항아 이탁오를 평생 연구하며 평전을 쓴 신용철 교수에게서 우리는 책 읽기를 지극히 좋아하던 이탁오의 독서하는 즐거움을 들어봅니다. 그는 독서의 즐거움을, 내 마음을 만나는 기회라고 말합니다.

저 자 : 나는 다행히도 눈이 좋아 나이 70세가 되어도 작은 글씨를 볼 수 있으며, 손도 떨리지 않아 작은 글씨를 쓸 수 있다. 그러나 이것을 타고난 행운으로 여기기에는 아직 모자란다.

하늘은 다행히도 내게 평생토록 세속의 사람들을 만나기 좋아하지 않는 성격을 주었다. 그 때문에 젊었을 때부터 노인이 된 지금까지 친척이나 손님의 왕래로 방해받지 않고, 오직 책만 읽을 수 있었다.

천행으로 나는 평생 동안 가까운 집안사람들을 지나치게 사랑하거나 가까이 하지 않는 매정한 성격으로 태어났다. 그 때문에 늙어서도 호북성 마성의 용호에 와서 가족을 돌보거나 나를 핍박하는 고통을 면할 수 있게 되어, 역시 오직 책만을 읽을 수 있었다.

그러나 이것 역시 천행으로 여기기에는 아직 부족하다. 나는 더욱 행복하게도, 사람을 보면 그 사람의 시작과 끝의 대략을 볼 수 있었다. 무릇 책을 읽고 세상을 논한 사람들이 옛날부터 많이 있었지만, 혹은 그 표면만 보거나 혹은 그 몸의 피부만 보거나, 핏줄만 보거나, 혹은 근육이나 뼈만 보았다. 그러나 지극한 경우에도 겨우 뼈를 보는 데 지나지 않았다. 비록 능히 오장을 뚫어볼 수 있다고 할지 모르나, 사실 아직 오히려 뼈를 찌르지는 못하였다. 이것은 내가 스스로 천행이라고 하는 첫 번째이다.

내가 타고난 행운은 특히 대담성이니, 옛날 사람들이 기꺼이 현명한 사람으로 떠받들었던 사람들을 나는 거짓된 인간으로 많이 대했고, 썩어빠지고 재능이 없어 실용에 적합하지 않게 여겼다.

나는 세상 사람들이 야비한 자, 버린 자라며 침 뱉고 욕한 자들을 다 이 나라를 맡길 만한 사람, 집안을 맡길 만한 사람, 몸을 맡길 만한 위대한 사람으로 여겼다. 나의 시비는 옛사람들과 많이 어긋났으니, 대담하지 않으면 이를 어찌 했겠는가?

이는 또 나 스스로 이르는 타고난 행복의 두 번째이다. 위와 같은 이 두 가지 타고난 행운이 있어, 나는 늙도록 학문을 즐기고 있다. 그러므로 「독서락」을 지어 스스로의 즐거움으로 삼는 것이다.

그는 계속해서 <책 읽는 즐거움>에서,

하늘이 서원용호를 만들어 탁오를 기다렸고,
하늘이 탁오를 낳아 용호에 머물게 했으니
용호에 있는 탁오의 즐거움이 어떠할까?
사시사철 책만 읽어 그 밖의 일은 알지 못하네.
독서란 무엇인가? 나를 많이 만나는 기회,
오로지 마음과 만나 스스로 웃고 노래하니,
노래와 시 읊는 소리 계속되어 그침이 없네.
통곡하여 울부짖어 눈물로 뒤범벅이 되기도 한다.
노래함도 까닭이 있으니, 책 속에 사람이 있어서이다.
나는 책 속의 그 사람을 보지만, 사실은 나의 마음을 얻네.
우는 데도 까닭이 있으니, 텅 빈 연못에 사람이 없어서이다.
그 사람을 보지도 못하고, 그저 내 마음만 고달프구나.
그러면 책을 읽지 말고 높은 책장 속에 얹어 놓은 채,
내 성격을 즐기고 정신을 가다듬어 노래를 쉬며 울음을 그치네.
왜 반드시 책을 읽은 뒤에야 즐긴단 말인가?
이 말은 얼핏 나를 염려해주는 좋은 뜻으로 들리기도 한다.
그러나 책을 묶어 놓고 읽지 않으면, 내 무엇으로 즐길 것인가?
성격을 즐기며 정신을 바로잡음이 바로 이 속에 있네.
세상은 얼마나 좁고, 책 속의 세상은 얼마나 넓은가?
그 속에 있는 천만의 성현들이 우리와 무슨 원한이 있겠는가?
죽은 것은 몸이요, 썩는 것은 뼛골이다.
책 읽는 즐거움은 영원하니, 죽을 때까지 읽고 싶다.
책 더미 속에서 부는 휘파람 소리에 숲 속의 송골매가 놀란다.
노래와 통곡이 이어져 그 즐거움이 무궁하니,
잠시도 아까운데 어찌 감히 멋대로 허비할 것인가!

그는 조용하여 독서의 환경이 좋은 용호에 대해 하늘이 마련해 준 곳으로 자긍심을 가졌다. 특히 그는 책 속에서 만나는 사람들과의 대화를

무한히 즐기고 있었다. 사는 세상보다 책 속의 세상이 더 넓다는 것은 참으로 놀라운 발견이었다. 현세의 사람들은 만나기 어려워도 책 속에서 과거 역사 속의 사람들과 어울려 대화하고 있다. 그들과의 만남을 통해 노래 부르고, 통곡하면서 역사 속으로의 산책을 커다란 즐거움으로 삼았다. 여기에서 그의 『장서』가 완성되어가고 있었다. 그는 끝으로 읽어야 할 책이 너무 많은데, 어찌 시간을 함부로 낭비하겠는가?라고 한탄하고 있다. 따라서 위의 「독서락」의 서론은 책 읽는 즐거움 그 자체에 온 열정과 기쁨을 쏟고 있는 삶의 아름다운 모습을 잘 보여준다.

3. 한국 이탁오 연구의 새로운 지평선

1) 이탁오 연구의 초기 상황

봉건적 조선왕조 시대의 이탁오 연구에 대해 위에서 이미 살펴보았다. 그리고 그에 대한 연구는 일제의 식민지 시대를 거쳐 해방 이후 대한민국의 1980년대까지 매우 적게 연구되었음도 이미 살펴보았다.

다만 양명학에 관심을 갖던 윤남한 교수는 이탁오에 관심을 가져 그의 『도고록』 일부를 번역하였고 허균과의 사상적 관계를 찾아보려 하였다. 허균을 연구하던 한학자 이가원 교수는 '허균은 한국의 이탁오'라는 주제로 논문도 발표하고 저서를 남겼다.

해방 후 중국 대륙의 사회주의 국가 수립으로 국교가 단절되면서 학문적인 교류도 거의 없어 이탁오에 대한 연구 성과는 우리에게 받아들여지지 않았다. 따라서 중국 대륙은 물론 일본에 비해 1980년대에 이르기까지 이탁오 연구가 부진했던 원인이었다.

그러나 1980년대에 이르면서 우리나라 사회와 대학가에서 민주화 열풍이 크게 일어나고 사회주의 중국의 학문적 연구 성과도 차츰 접촉하여 비공식적으로나마 수용되었다. 이 시기에 저자는 독일 하이델베르크대학에서 중국의 서적과 신문 등을 자유롭게 접하면서 이탁오의 연구로 석사와 박사학위를 받았다.

1980년대 초 귀국하면서 우리 대학가에서 이탁오에 대한 관심과 연구는 차츰 일어나기 시작했다. 석・박사의 학위도 가능하게 되었으나 1992년 한・중 수교에 이르기까지 매우 큰 진전을 이루지는 못했다. 한・중 수교 이후 이탁오에 대한 연구는 한층 활성화되기 시작했다. 우선, 『분서』 초역이 나온 데에 이어 중국인이 저술한 『이탁오 평전』이 번역되었고 그 후 『분서』가 완역되었다. 2006년에 저자가 한국 최초의 이탁오 평전인 『공자의 천하 중국을 뒤흔든 자유인 이탁오』를 출간하면서 우리나라의 이탁오 연구는 비교적 정착되었다고 할 수 있다. 그리고 이어서 『속분서』도 완역되었다.

2) 민주화 시대 이후의 이탁오 연구

오랜 동안의 군사독재와 전통 및 인습은 1980년대를 지나면서 민주화의 엄청난 에너지로 폭발하기 시작하여 정치와 경제, 특히 사상과 문화면에서 괄목할만한 변화가 일어났다. 이러한 변화에 따라 이탁오의 체제비판이나 문화의 대중화를 지향하는 정신은 커다란 관심의 대상이 되었다.

위에서 본 대로 2000년대 초 이탁오 저서의 번역과 평전의 출간에 대해 우리의 언론들은 비교적 관심을 갖고 보도하였다. 사실 학문적 연구에 대해 그리 대단한 관심을 갖지 않는 언론의 성격으로 보아 이탁오에 대한 관심은 예상보다 큰 것이었다. 아마도 그것은 이탁오와 그의 사상이 중국에서 400년이나 금서목록으로 서고 속에 감추어 졌다가 현대에 발견된 것처럼, 우리에게 아주 새롭고 독특한 이미지를 주었기 때문일 것이다. 그리고 그것은 특히 인습과 허위로 가득한 현실과 시대에 대한 비판이란 점에서 많은 사람들의 관심을 끌었다.

2009년 봄 한국양명학회는 「동아시아 사상과 이탁오」의 춘계학술대회를 대전에서 개최하였다. 아마도 우리나라의 전국 성격을 가진 학회가 이탁오를 주제로 학술대회를 한 것은 처음인 것으로 생각한다. 이 학회

양명학회 학술대회

에서 저자는 「16세기 동아시아인 이탁오」란 주제로 논문을 발표하였다. 그런데 앞의 대부분은 이미 다룬 내용과 중복되는 점이 많아 그 결론 부분만을 아래에 기술한다.

16세기의 동아시아인으로서 세계인, 이탁오

16세기에 76년을 살았던 명 말의 이지는 지배층으로부터 유교의 이단자이나 혹세무민의 죄인으로 박해를 받았다. 그러나 그를 따르는 사람들로부터는 성인으로 숭배될 만큼 극단적 평가를 받는 사상가였다.

그는 탄핵을 받아 구속되고 옥중에서 자결한 후 그의 저술들은 모두 불태워지거나 금지되었다. 그가 죽은 지, 42년 후 명 왕조는 멸망했어도, 뒤를 이은 청 왕조도 그의 모든 저술들을 『사고전서』 속에서 금서목록으로 파묻어버렸다. "먼 옛날부터 전해오는 선과 악의 표준을 뒤집어엎어 바꾸지 않은 것이 없다"는 죄목으로 비난받았다.

그 후 유교는 1850년의 태평천국 혁명기 홍수전의 공자교 배격이나 모독으로부터, 1898년 변법유신운동 시기 캉유웨이康有爲 등의 공자교를 개조하려는 운동에서 타격을 받았다. 뒤이은 중화민국 초, 5・4신문화운동 시기 오우 등의 '공자의 상점을 타도하자'는 유교 비판의 격동적 조류는 그 시대적 상징이었다.

그의 과거의 봉건전통을 비판하여 새로운 정신으로 그의 미래를 건설하려는 신중국은 이지와 그의 특출한 열혈적인 저술들을 다시 세상으로 끌어냈다. 그리고 빠르게 널리 세상에 알려지고 그의 진정한 사상적 가치는 높이 평가되었다. 이지와 그의 사상은 그로부터 16세기에 살았던 시간만큼, 중화민국과 사회주의 중국에서 극히 높이 평가되었으며 중국을 넘어 동아시아와 서양에까지 전파되었다.

1981년 중공중앙서기처 정책연구실과 『인민일보』가 발표한 <애국주의는 사회주의 건설의 거대한 역량>에서 이지를 중화민족의 걸출한 역사인물의 한 사람으로 자리매김하였다. 『홍기』 잡지 등이 편찬하여 쓴 『중화영걸록』에서 이지는 중국역사상 83인의 한 사람으로 선정되었다. 북경의 교외 통주의 이탁오 묘에는 「일대종사 이탁오의 묘」란 비문이 우리를 맞는다.

사상가로서 이지는 중국사상의 주류인 유학성리학에 불만을 가져 양명학에 심취하였으며, 양지현성이나 지행합일을 가장 잘 실천한 태주학파의 거의 마지막 학자이며 사상가였다. 그는 『장서』의 서문에서, "이 책을 읽는 것은 독자들에게 맡기지만, 다만 공자의 정해진 본으로시비표준의 상과 벌을 하지 않았으면 좋겠다"며 성인 공자를 대담하게 공격하였다. 유가 전반에 대해도, "남의 옛 자취나 따르며, 알맹이 없는 집단으로 세상의 일을 맡길 수 없다"고 규정하고 유교경전의 절대성을 부정하였다.

문인 문학가로서 이탁오는 동심설을 바탕으로 복고적인 문학사조에 반대하여 낭만적인 문학사상을 강조하여 그의 제자 원굉도 등 3원 공안파의 "성령설"에 영향을 주었으며, 뒤에 김성탄, 탕현조 등의 문학사조를 자극하였다. 그 자신 당대의 유명한 소설인 『충의수호전』이나 『삼국지』에 비점을 가하거나 삽화를 넣어 쉽고 흥미롭게 대중에게 가까이 가도록 하였다.

따라서 그의 작품들은 일본이나 우리나라에도 많이 전해 읽혀졌다. 글씨도 아주 잘 써 오늘날 대만의 중문대사전 중에 그의 서체가 많이 들어 있고, 그의 에세이는 천하의 명문으로 현대 중국의 대문인 노신 등도 예리한 해학의 모범 등으로 민국문학의 모범이 되었다.

역사가로서 이지의 지위 역시 탁월하다. 역사 서술의 직에 종사하여 직업적인 의무는 없었으나 스스로의 정신적 핵심을 담거나 시대의 모습을 남기려는 비장한 사명감으로 역사를 썼다. 그는 명저인 역사인물평가서 『장서』 68권과 『속장서』 27권을 비롯하여 위서의 논란이 있던 『사강평요』 등 엄청난 분량의 역사서를 썼다.

그는 우선 역사에 임하는 자세를, "백천만 인의 적과 대치하듯" 비장하게 표현하였다. 그는 육경이 모두 역사라고 하면서 "소박한 質의 상태에서 개화하는 文의 상태로 발전하는" 역사순환론을 전개하였다. 시비의 표준은 항상 변하며, 평가는 병에 따라 약을 쓰듯 융통성 있어야 한다고 강조한다. 특히 역사가로서 그의 강점은 역사인물의 평가에서 과격하면서도 독자적인 안목의 평가로서 유명하다. "천고상전의 선과 악이 그의 자리를 뒤집어 바뀌지 않은 곳이 없다."는 청대 역사가 기윤의 말처럼 파격적임을 말해준다.

사회사상가로서 이탁오의 사상 역시 놀랍다. 성리학의 "천리를 보존하고 인욕을 멸하라"의 대명제를 부정하는 그는, 인간의 "사"와 "욕"을 중요시하여, "옷 입고 밥 먹는 것이 바로 인륜의 물리이다. 따라서 옷 입고 밥 먹는 일을 제외한다면, 인륜과 물리는 존재하지 않는다"고 단언하고 인간의 사심과 욕망을 중요시하여 사란 대저 사람의 마음이다. 사람은 먼저 그 사가 있은 후에 그 마음이 나타나는 것이니, 만약 사가 없은 즉, 마음이 없는 것이다.

"그러므로 개인私 없음을 말하는 사람들은 이른 바 그림의 떡같은 말이며, 가공의 억설로서 난쟁이의 운동장을 구경하는 견해이다"라고 인간의 사심을 긍정한다. 그는 사회의 계층 문제에 대해서도, 귀천이 정해진 것이 아니며 높은 자는 그를 낮추고, 낮은 자는 그를 높여야 사회가 하나로 이르게 된다고 강조한다.

한편 가장 중요한 사회문제로서 중국의 유교사회가 서양에 비해 크게 뒤졌다는 여성평등문제에 대해서도 그의 견해는 탁월하다. 전한 무제 때의 과부 탁문군이 부모의 허락 없이 사마상여와 짝을 이룬데 대한 유교사가들의 신랄한 비판에 대해, "탁문군은 훌륭한 배필을 가장 잘 선택했다. 그가 설사 부모에게 요청했어도 거절당했을 것이니, 좋은 배필을 잃고 훌륭한 인연을 헛되게 하기 보다는 탁문군처럼 자기의 배필을 스스로 결정함이 옳았다. 탁문군은 작은 부끄러움을 참고, 인생의 커다란 계획을 잘 세웠다"고 했으며, 중국 역사상 유일한 여자황제인 당대의 측천무후에 대한 유가의 찬탈자란 비판에 대해도, 그의 인재임용과 정치적 판단능력을 높이 평가하였다.

특히 여자의 아름다움이 국왕의 마음을 현혹시켜 나라를 망하게 한다는 '암탉이 울면 집안이 망한다.'는 고대부터의 여성 정죄에 대해, "전한의 유능한 황제 무제140-87 B.C.는 여인을 좋아 했어도 나라를 잘 통치했으니, 하 왕조에 미인 말희妺姬가 없고, 오나라에 절색 서시西施가 없어도 나라의 멸망은 피할 수 없었다"고 하면서 그릇된 전통적 논의를 부정하였다. 명대 "여자가 재주 없는 것이 바로 덕"이란 특히 여자의 능력문제에 대해서 그는, "세상에는 남녀가 있다면 옳지만, 남녀의 식견이 따로 있다는 것은 말이 안 되며, 세상에는 견의 우수자와 열등한 자가 있다고 하면 옳지만, 여성의 식견이 남자에게 못 미친다는 것은 말이 되지 않는다"고 여자의 능력을 낮게 평가하려는 사람들을 통렬히 비판하여 초시대적으로 남녀평등사상의 싹을 보였다. 그는 국제적 영향력을 갖춘 16세기의 동아시아인이었고, 20세기의 세계인이었다.

1582년 마카오를 통해 중국에 들어온 천주교의 선교사 마태오 리치와

마태오 리치

교류하여 서로를 이해하고 기록을 남겼다. 당시의 해상활동과 대외무역을 이해 긍정하였으며, 아랍세계와의 접촉에 대해 호의적이었고, 임도건과 같은 해적의 능력을 높이 평가하였다. 임진왜란에 파병된 장군 이여송의 능력을 칭찬하였고, 조선에 와서 활약한 고양겸과 친하였다. 여기서 일본 이학인의 원작 만화인 삼몽전三夢傳에서 16세기의 동아시아 영웅으로서 일본의 도쿠가와 이에야스와 조선의 이순신 장군, 명의 이탁오를 중심으로 그의 활약상을 전개한 것은 매우 흥미롭다.

특히 우리가 잘 아는 대로 이탁오의 사상은 북경을 3차례 다녀온 관료이며 학자 문인 허균에 의해 받아들여져 그의 『홍길동전』으로 나타나는 문학과 혁명으로 발전하는 정치적 활동에 큰 영향을 주었다. 뒤이어 지봉 이수광이 이탁오와 초횡으로부터 큰 영향을 받았으며, 연암 박지원도 이탁오의 사상적 영향이 발견된다.

이지는 일본의 명치유신에 대해 직접적으로 영향을 주었으니, 일본 막부 말기의 저명한 한학가이며 명치유신운동의 선구자 요시다 쇼인은 이지 사상의 깊은 영향을 받았다. 일본의 현대 저명한 한학자인 스스끼 도라오鈴木虎雄는 이지에 관해 깊이 연구하여 『이지연보』를 저술했으며, 일본 현대의 많은 저명 학자들도 이지에 대해 많이 연구했다. 특히 일본에서는 이탁오의 연구와 관련하여 시마다 겐지의 「근대사유를 둘러싼 사학계의 논쟁」이 계속될 정도이니 그에 대한 학문적 열기를 알만하다.

미국, 프랑스, 독일, 영국, 스위스, 이탈리아, 러시아 등의 여러 나라에서도 많은 학자들이 이지 연구에 종사했다. 특별히 동남아 여러 나라에서도 많은 학자들이 이지 연구에 종사하여 그의 영향이 더욱 심원해졌다. 이는 이지가 세계의 사상과 문화에서도 상당한 지위를 차지하고 있음을 말해 준다.

공자의 사상이 위대함을 말할 필요는 없으나, 이탁오의 사상 역시 대단히 중요하고 유익하다. 그의 사상은 "기름진 음식공자의 유교을 너무 먹은 성인병을 치료하는 시원한 소화제"이었다. 따라서 그의 사상은 16세기에는 중국뿐 아니라, 동아시아 사상의 주류 속 비판의 외침이었고, 유교의 속박으로부터 해방을 바라며 신시대를 향한 대망이기도 했다.

그러므로 20세기에 그의 사상은 시급한 현실돌파구였다. 앞이 보이지 않던 시대적 난관을 극복해야 할 위기에 빛나는 지혜로서 지표이기도 했다. 16세기의 사상이 20세기에 이처럼 낯설지 않게 적용될 수 있었던 것은 그의 사상적 크기이며, 그의 시대를 초월한 사상의 능력이었다. 아울러 중국인 외의 동아시아인에게도 마찬가지였다.

서양인들에게도 이탁오의 사상은 중국의 사상적 투쟁을 이해하는 중요한 실증이었으며, 이들에게도 타산지석이 되었다. 서양의 많은 이탁오 연구자들이 그를 소크라테스, 루터, 헤겔, 루소, 니체 등과 비교한다. 이것이 바로 이탁오 사상이 중국과 동아시아를 넘어 세계사적인 공헌임을 의미한다.

5부

16세기 동아시아의 역사적 가상

반드시 죽을 각오로 싸우면 살 것이오,
반드시 살려고 하면 죽을 것이다.
必死則生 必生則死

— 이순신, 『난중일기』에서

비록 역사적 사실이 아니지만, 이지와 이순신의 만남을 가상假想 해본다. 그러나 당시의 역사적 상황에 근거하여 가능할 수 있다고 가상可想 해본다.

16세기 말 동아시아의 세 영웅

이지(명)	1527~1602 옥중 자결 76
이순신(조선)	1545~1598 노량해전 전사 54
도쿠가와 이에야스(일본)	1543~1616 노병사 74

격동의 16세기 말 전란 속의 동아시아에는 웅대한 꿈을 꾸는 세 영웅이 있었다. 동아시아 불변의 명교로 여겨지던 유교에 반역하여 시대를 거역한 죄로 관헌의 박해를 받아 옥에서 자결한 중국 명의 투쟁적 사상가 탁오 이지, 임진·정유왜란 두 차례의 동아시아 국제전쟁에서 일본

침략군을 바다에 격침시켜 조국을 지킨 조선 구국의 영웅 이순신, 일본의 전국시대를 마감하고 국가의 태평을 목표로 에도 바쿠후江戶幕府를 건립했던, 참고 기다림의 대정치가 도쿠가와 이에야스이었다.

일본만화『삼몽전』

16세기 말의 유럽

아직 지중해 중심이던 유럽의 이탈리아에서 르네상스운동으로 고전 속에서 인간성의 부흥이 고조되었다. 이에 따라 독일에서는 마르틴 루터가 중세를 지배하던 크리스트 교회와 교황의 권위에 반대해 종교개혁을 시작하여 개신교가 분리되었다.

지리상의 발견으로 콜럼버스가 1492년 아메리카 대륙을 발견하고, 마젤란이 세계를 일주하고, 바스코 다가마 등은 인도 항로를 발견하여 유럽의 중심은 지중해로부터 대서양으로 옮겨지고, 세계가 급속히 확대되어 교류가 증진되었다.

개신교 분리에 위기를 느낀 가톨릭에서도 스페인의 이그나티우스 로욜라 등을 중심으로 그의 정화운동이 벌어져 제수이트 교단이 설립되고, 북유럽에서 잃은 신앙의 땅을 새로 발견한 대륙인 아메리카와 아시아에 확대 선교하는 데 주력하였다.

16세기 말 동아시아 중국과 조선의 형세

1368년에 시작된 명 왕조는 이미 나라의 안과 밖에서 쇠퇴하여 멸망1644의 길을 걸었으며, 그에 대치될 만주의 청 제국이 일어났다. 사회적으로는 문화와 사상적으로 중국과 동아시아의 관학인 유교, 즉 성리학에 도전한 양명학이 널리 퍼지고, 서양의 르네상스와 종교개혁처럼 인간의 본성과 감성을 추구하는 사조가 일어났다.

한편 서양 지중해 연안의 가톨릭교 국가인 스페인 포르투갈 등이 1557년 이미 마카오에 진출하여 세력의 근거지를 만들고 크리스트교와 서양 문물을 전래하기 시작했다. 이때 조선은 건국한지 200여년으로 평화의 시대가 계속되고 중국 성리학이 관학으로 경직화되어 사회기강은 물론 대외방어의 능력이 거의 준비되어있지 않았다.

따라서 1592년부터 1598년까지 무려 7년이나 계속된 조선 땅에서 벌어진 임진왜란과 정유왜란은 동아시아의 그 후 역사를 크게 바꾸는 결정적인 계기가 되었다.

동아시아를 국제전쟁으로 몰아넣은 일본

지리상 발견에 의해 포르투갈, 스페인, 홀란드 등의 유럽인들이 내항하기 시작했다. 이에 서양 신무기인 철포가 들어오고 종자도는 그의 중심이 되었으며 서양의 크리스트교가 전래되어 프란시스 자비엘 신부 등이 선교를 시작했다.

한편 전국시대의 혼란을 극복하던 도요토미 히데요시는 적극적인 대외정책을 추진하며 왜구를 금지하고, 정부의 수군으로 편입시키며 일본인의 해외발전을 원조하여 특히 동남아에 진출을 서둘렀다. 그는 중국을 친다는 구실로 조선에 출병하여 두 차례에 걸친 7년간의 전쟁을 일으켰으나 조선의 수군제독 이순신에 바다에서 막히고 지쳐 철군하였다.

에도 막부의 이에야스는 1603년 징이대장군으로 에도 바쿠후를 열어 메이지유신까지 260년 일본을 통일하고 평화적으로 안정시켰다. 이에야스는 히데요시와 달리 평화외교로서 1600년 표착한 홀란드인과 영국인을 고문으로 상관商館을 개설하여 자유무역을 추진하였다. 이에 스페인과 필리핀, 포르투갈은 마카오와 연결하여 무역을 진흥하고 특히 멕시코와도 연결하였다

조선과의 국교를 회복하여 1609년 대마도주 종의지 씨를 앞세워 기유조약을 체결하여 연간 무역선 20척을 교류. 1607년 1609년, 이후 조선통신사는 200년간 12회 왕래, 1회에 400-500인이 수행했으며, 그 후 쇄국정책으로 1616년 기독교를 금지하였다.

동아시아의 평화와 안정을 위한 세 영웅의 꿈

세 영웅의 꿈과 그 꿈을 이루는 방법은 달랐지만, 목표는 그 시대와 사회의 평화 및 안정이었다. 바른 것이 바로 정치라는 시대의 절실한 요구를 관철시키기 위해 목숨을 걸고 협객이나 열사처럼 살았던 인물들이었다. 즉 그들은 꿈을 바라면서 죽어갔고, 죽으면서 그 꿈을 이룩하였다.

이순신

조선 중기를 살았던 유학의 기풍에 충실한 무인이었다. 무과에 급제한

충무공 이순신

직업 군인으로서 하급 관리로부터 함경도의 변방에서 극심한 고통을 감내하면서 천행으로 임진왜란 직전 전라좌수영의 수장이 되었다. 물론 오늘날의 해군사관학교 같은 곳에서 수군작전을 전공한 장군은 아니었다.

그러나 그는 항상 치밀하게 준비하고, 공부하고 부하를 사랑과 공정으로 엄격하게 대하며 훈련에 철저한 군인이었다. 특히 지방 관리들과의 좋은 관계는 정부의 지원이 쉽지 않은 당시의 상황에서 군량과 정보 등 수군의 생존을 위한 필수조건을 충족시키는 데 큰 도움이 되었다.

압도적 우위의 적군, 조총을 앞세운 무기체제, 시기와 음해와 사형직전에서 백의종군할 정도의 치명적 조건에서 23번이나 싸운 모든 전쟁을 승리한 세계 해전사의 유례없는 전과를 창조했다.

그리고 그는 항상 썼다. 전사 직전까지도 기록을 남겼다. 그래서 그는 빛나는 칼날의 역사 위에 붓 끝의 역사를 더하여 우리에게 진실을 말해주었다. 유네스코 세계문화의 기록유산인 『난중일기』란 경구적 보배를 남겼다. 그는 지극한 고통과 수모를 참고, 미래를 준비하고, 그리고 치밀하고 끈질기게 적과 싸웠다. 유가의 말대로 몸을 죽여 인을 이룩한 살신성인殺身成仁의 표본이었다.

도쿠가와 이에야스

도쿠가와 이에야스

도쿠가와 이에야스는 "나와 나의 이름이 천하의 사람들에게 잘 알려지게 된 것은 도요토미 히데요시의 대륙침략 야욕을 조선의 바다에 격침시켜 준 이순신 장군의 덕택"이라고 했다. 이는 곧 이에야스가 임진왜란으로 일본의 피폐는 물론 그 자신을 몰락시킨 히데요시의 조선 침략의 실패를 딛고 일어섰다는 의미이다.

그는 위 중국의 대사상가 이지와 조선 수군제독 이순신에 비해 천수를 다 하였고, 일본을 통일하여 평화와 안정을 정착시킨 점에서 개인적으로 행복한 영웅이었다. 오래 참으며 지루할 정도로 기다린 일본사상 가장 위대한 정치가로 추앙되고 있다.

시대와 싸우면서 극도의 인내와 기다림의 초인간적 인성을 보여주었다. 그러므로 그는 중국 명의 사상가 이지와 조선 수군제독 이순신의 장점과 특성을 모두 갖춘 위인이었다.

그래서 그의 업적은 당대 일본의 대륙 침략을 좌절시켰을 뿐 아니라, 그 후 1876년까지 근 300년간 일본의 대륙 침략 시도를 포기하게 한 동아시아 평화에도 기여한 것이다. 이는 최근 한반도를 둘러싼 정치적 이념적 군사적으로 불안한 대결국면을 보면서 더욱 그의 역사적 공헌이 절실함을 느낀다.

같은 시대인의 동병상련, 이지와 이순신

한국방송 KBS에서는 대하 역사드라마로서 몇 년 전의 「불멸의 이순신」에 이어 2014년에는 『명량 울돌목鳴梁』으로 사상 드물게 시청자의 큰 호응을 받았다. 2002년의 연평해전이나 2010년의 천안함 사건에 이어 2014년 세월호 사건으로 바다에서 당한 슬픔을 바다에서 찾으려는 보상의 심리에서이었을 것이다. 영화 『명량』은 중국에서도 방영되어 20세기 일본의 대륙 침략과 역사왜곡 등에 대한 중국인의 정서에도 동병상련의 관심과 호응을 보였다.

2015년에도 임진왜란을 다룬 KBS의 드라마 『징비록懲毖錄』 역시 인기리에 방영되었다. 이는 임진왜란이 우리의 역사 속에서 현실적 감각에 주는 이미지가 아주 강렬하고 교훈적인 요소가 많기 때문이다. 그리고 임진왜란이면 조선과 중국대륙에 침략하여 석권하려던 일본의 야욕을 바다에서 수장시킨 불세출의 수군제독 이순신을 말하지 않을 수 없다.

그런데 동아시아는 물론 세계사적으로도 격변의 16세기 동아시아의 동시대의 위대한 인물로서 나는 특히 중국의 사상가 이지와 이순신을 생각한다. 국적이 다르고 문인과 무장이란 면에서도 두 위인은 너무 다르다. 그러나 같은 시기 위기에 처한 국가와 사회에 대한 구국의 투쟁이란 면에서 아주 유사하다. 그들의 이룩되기 힘든 원대한 목표나 비참한 시대상황에서 치열한 투쟁적 삶은 매우 유사하고 후세에 교훈적이다.

이지는 화석처럼 굳어져버린 국가의 이념과 교육이며 사회윤리인 유교의 전통을 비판하며 싸우다 죽었다. 그러나 이순신은 전장에서 유교의 진수인 충성을 위해 싸우다 죽었다. 그럼에도 불구하고 두 위인은 진정한 공자의 가르침을 따르기 때문에 성리학으로 쪼들리고 형식으로 허구화된 시대의 사조와 당권자들의 탄압과 압박을 받은 점에서도 사실은 두 인물이 다르지 않았다.

이지와 이순신의 활동 절정기의 비교

당대 중국 최고의 사상가 이지와 동아시아 최고의 수군제독 조선의 이순신은 16세기 최대의 격동기인 조선의 임진왜란 시기를 함께 살았다.

이지는 운남성의 지부란 지방 군수직을 1580년 54세에 사임하고 호북성 마성현 지불원에서 가족을 고향에 돌려보낸 채 오로지 학문의 연구와 강의 및 저술로 그의 온 정력을 불태우고 있었다.

레이 황이 그의 저서, 『1587년 명 만력 15년, 아무 일도 일어나지 않았다』는 저서에서 이미 1587년을 사실상 명 제국의 멸망시기로 보았는데, 이때 이지도 관직을 사직하고 성리학에 대한 비판의 대전을 준비하기 시작했으며, 이순신은 함경도에서 패전의 책임을 뒤집어쓰고 첫 번째 백의종군의 수모와 인종을 겪고 있었다.

조선의 이순신도 그동안 함경도의 낮은 군직이나 정읍현감 등을 거쳐 전라좌수사로 조국 방어의 중책을 맡게 된 것은 실로 천행이었다. 일본 도요토미 히데요시의 야욕을 수장시키고 조선의 붕괴를 막았을 뿐 아니라 명 제국의 안위를 지킨 역사의 대 위업이었다.

이지는 1588년 지불원에서 유교공격의 첫 대저인 『초담집』 30권을 간행하고 1590년에는 그의 유교와의 전쟁의 선전포고인 『분서』를 간행하여 그의 명성과 비난과 박해가 격렬하게 시작되었다. 1599년 그의 유교비판과 역사평가의 대저인 『장서』가 완성됨으로써 시대와 전통에 맞선 붓으로의 싸움이 절정기를 이루었다.

이순신은 1591년 전라좌수사로서 전운이 짙어지는 시대를 대비해서 거북선의 제조를 서둘고 군 조직과 장비를 점검하여 정보를 수집하는 등 훈련에 박차를 가하였다. 이러한 치밀한 준비와 우국헌신의 충성은 1598년 11월 노량해전에서 전사할 때까지 23전 23승의 전승을 이루며 살신성인했다.

물론 이지는 이순신보다 4년을 더 살았지만, 그도 이순신처럼 1590년대에 학문과 사상 및 저서의 절정기를 이루어 그의 이름이 만고에 빛났다. 그리고 그 역시,

> "어지러운 도를 감히 주장하고, 잘못된 도로써 백성을 현혹시킨다."

는 사상범으로 체포되어 옥중에서 자결하였으니, 이 1590년대는 이지에게나 이순신에게 모두 스스로의 몸을 바쳐 국가와 시대에 헌신한 결정적 시기라고 하겠다.

아울러 이 시기는 중국이 명이나 조선의 역사상 초유의 대 격동을 극복하려던 명과 조선 두 위인의 절정기이기도 했다. 수군제독 이순신은 일본군을 막아 조국과 시대를 구했지만, 명의 이지의 상상은 시대에 수용되지 못해 그의 주장과 사상이 4백 년 후를 기다려야 했다.

이탁오, 현충사로 이순신을 방문하다

두 위인의 만남

임진왜란의 초대 삼도 수군통제사 이순신과 전라 우수사 이억기李億祺, 1561-97, 제7대 삼도수군통제사 이운룡李運龍, 1562-1610, 녹도 만호 정운鄭運, 1543-1592 등이 충남 아산의 현충사에서 오랜만에 만나 환담 중이었다. 그런데 스님처럼 깎은 머리에 유학자의 관을 쓴 한 노인이 성큼 걸어 들어온다. 좌중은 여행 중의 나그네가 길을 물으려는 것으로 생각했다.

이순신 : 어서 오십시오. 이리 앉으십시오. 무엇을 도와 드릴까요?

이탁오 : 저는 중국 명나라 때의 학자인 이지라고 합니다. 제가 1527년 생으로 1602년에 죽었으니 다소의 차이는 있어도 여기 계신 장군님들과는 모두 만력신종, 1573-1620년간으로 동시대인이 됩니다. 지금 한국 여행 중인데, 최근 KBS의 드라마 「불멸의 이순신」 이후 영화 『명량』이 한국에서 방영되는 이순신 제독에 관심이 커서 들렀습니다.

이순신 : 반갑습니다. 먼 길을 오신 저명한 학자님을 뵙게 되어 16세기 말의 그 날을 다시 사는 것 같아서 감개무량합니다.

이탁오 : 얼마 전 일본의 한 작가가 『삼몽전』이란 만화에서 장군과 저를 일본의 도쿠가와 이에야스德川家康, 1542-1616와 함께 16세기 동양의 평화를 설계하는 사람이라고 기술해 흥미롭게 생각했는데 이렇게 뵙게 되어 매우 반갑습니다. 그러면 우리 3인은 15년 사이에 태어나 18년간에 죽었으니 역시 동시대인이었습니다. 마침 서울의 종묘를 거쳐 성균

관에서 마침 여행 중인 공자와 그의 제자들을 만나 한바탕 설전을 벌이다 왔습니다. 하! 하!

이순신 : 한국에서 공자를 만나시다니 참으로 있기 어려운 일입니다.

이탁오 : 그렇습니다. 그리고 장군을 뵙게 되니 참으로 즐겁습니다. 우리 중국에서는 예로부터 "문신文臣은 죽음으로서 간쟁諫爭하고, 무신武臣은 죽음으로써 싸운다"고 했는데, 장군과 저는 그 경우에 아주 똑같습니다. 저도 장군이 전사한 1598년의 4년 후인 1602년 탄핵을 받아 옥중에서 자결했습니다. 탄핵의 죄목은, "어지러운 도道를 감히 주장하여, 세상을 현혹하고 백성을 속였다"는 것이었습니다.

이순신 : 그 시대 우리 조선은 정치가 혼란하고 사회의 기강이 무너졌고, 경직된 성리학이 사회를 주도했던 시기로서, 아주

충무공 현충사

무기력하고 혼란했는데, 명 왕조의 사정은 어떠하였습니까?

이탁오 : 중국의 명 제국도 마찬가지였습니다. 제국쇠퇴의 조짐이 분명하면서도 잠시 조용했습니다. 물론 프랑스의 중국학자 쟈크 제르네는 이 시기를 '중국의 르네상스 시기'라고 부르기도 했지만, 레이 황은 1587년을 붕괴에 직면하여 '아무 일도 없었던 해'로 표현했습니다. 격변을 앞 둔 폭풍전야로 본 것입니다. 유교가 형식화되어 창조성을 잃었고, 서양의 천주교와 과학이 들어오기 시작했습니다.

동아시아와 해양세력

이순신 : 저는 바다를 지키는 군인이니 바다에 관해서 말씀드리겠습니다. 15세기 초, 정화의 해양항해로 표현되는 명나라의 조선술이나 항해술 및 무기체제는 대단하지 않았습니까? 세계적으로 유례없는 그런 웅대한 해상세력이 왜 그 시대에 그처럼 약화되었습니까?

이탁오 : 크게 한 숨을 쉬면서 명 제국은 북방의 몽고를 막느라고 바다에 너무 소홀히 했고, 해금정책으로 바다의 해외왕래를 제한하여 장군께서도 분개하신 것처럼 임도건이란 해적 하나를 잡지 못할 만큼 쇠약해졌습니다. 이러한 결과가 바로 동양의 바이킹인 일본의 왜구에 의한 명이나 조선의 해안약탈로 나타난 것입니다. 이것이 후일 엄청난 재앙을 불러올 것을 생각하지 못했습니다. 즉 이에 대해 아무런 대응책을 마련하지 못했습니다. 이것은 명 왕조나 조선 모두가 마찬가지였습니다.

기본적으로 정치와 사회기강이 아주 해이해져서 제국의 몰락이 급속히 진행되었습니다. 그래서 나는 명 제국이 지금 무너지고 있다고 경고하며 과감한 개혁을 외쳤지만, 무시되고 박해만 받아 죽었습니다.

이순신 : 일본은 전국의 혼란을 통일하고 왜구를 정규수군으로 정비 강화한 왜군이 명을 치는 데 길을 빌리라며 조선을 침입했습니다. 그 때까지 역사에 없던 일이었습니다. 그러나 오랜 평화에 젖은 우리 조선의 대비는 전무했고, 그저 갈팡질팡했습니다. 여기서부터 제게 힘겨운 역사적 임무가 맡겨졌습니다. 운명과 민족이 제게 부여한 엄숙한 임무가 시작된 것입니다. 미래를 볼 수 없었고 희망을 갖기 너무 힘든 7년간이었습니다. 그의 시간과 함께 저의 생명도 소진되었습니다.

이탁오 : 그렇습니다. 장군의 투쟁적 생애는 실로 놀라웠습니다. 다만 시대나 소위 권력자들이 너무 안일하고 무능했습니다. 명 제국도 같지만은 능력 있는 인재의 등용이 아니라 성리학에서 말하는 명분의 중시와 무인을 너무 경시하는 유학자들의 병폐로 문약文弱에 빠져 그 후 군사적으로 약한 나라를 만들어버렸습니다.

종래 서양과의 교통로 인 실크 로드가 터키 등의 세력에 의해 차츰 막히게 되면서 오히려 해상의 실크 로드가 열리게 된 것입니다. 1557년 이미 마카오에 포르투갈 인이 머물러 통상하고 네덜란드와 영국이 뒤따른 것입니다. 그러나 명 제국이나 조선 모두가 해상항해의 시대적 변화에 너무 무감각했습니다.

다만 일본은 이 점에서 우리 대륙의 국가들보다 앞섰습니다. 조선을 치기 위해 이미 태평양의 오키나와의 원조를 구하였으며 포르투갈 인이 가져 온 조총을 대량 생산

했습니다. 유럽의 원산지에서보다 더 많은 양의 무기로서 조총이 일본에서 만들어졌고, 임진왜란에서 그의 위력을 발휘한 것입니다. 그리고 동아시아의 통일국가를 구상하는 데까지 이르렀습니다. 장군께서는 당시 일본군에 대해 어떻게 생각하셨습니까?

이순신 : 저 역시 전쟁이 나기 바로 1년 전에 전라좌수사가 되었고, 당시에는 군사뿐 아니라 일본에 대한 정보자료들이 너무 없어서 미지의 적과 대적해야 할 위기였습니다. 적군의 숫자·전함·무기 등 일본의 정보에 대해 너무 무지했습니다. 그저 암담하고 거의 절망적이었습니다.

다만 왜군은 먼 곳에서 항해해 왔으니 기동력이 빠를 것이고, 조총으로 단 거리에서 접전을 꾀 할 것이며, 특히 칼 싸움에 능해 가능한 한 접전을 피하는 전술을 생각했습니다. 장거리의 대포가 또한 크게 유효하며 아울러 우리의 주력함인 소나무의 판옥선이 삼나무의 일본의 함대보다 우수하다고 믿었습니다.

특히 이 급박한 전쟁을 예상한 나는 중국의 우수한 조선술을 참고하여 우리의 지리적 환경에 맞는 돌격전함인 거북선을 만든 것이 해전의 승리에 크게 기여했습니다. 이

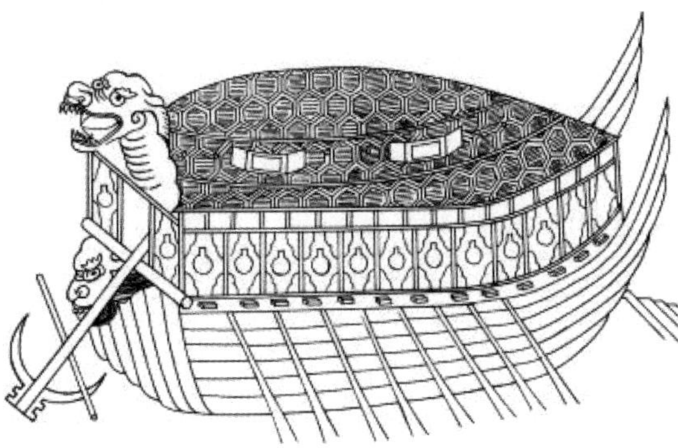

거북선

모두 가상의 적을 대상으로 하는 가상적 작전의 구상이었습니다.

임진왜란을 일으킨 장본인 도요토미 히데요시가 죽어서 왜군이 철수하고, 조선에 출병하지 않은 도쿠가와 이에야스가 새로운 바쿠후막부를 열어 일본의 근세를 지향하는 안정의 시대를 여는 3인 중 가장 행복한 정치가이었습니다.

가식 없이 순진한 「동심」의 철학

이순신 : 당시 명나라와 조선의 관학인 성리학을 비판한 선생님의 학문은 어떠한 것입니까?

이탁오 : 조선에서는 중국의 성리학을 더 발전시킨 퇴계학이 공적으로 금지한 양명학에서 출발합니다. 즉 '순수한 인간 본래의 마음良知'이 '어린아이의 마음, 즉 동심'에 도달합니다. 그리고 이를 바탕으로 해서 자유롭게 살고, 생각하며 활동하는 그러한 것입니다.

즉 공자나 주희의 성리학을 반대한 것보다는 공자와 성리학만을 시비의 기준으로 삼는 획일적이고 경직된 사회 윤리에 대항한 것입니다. 즉 인간의 본심인 동심대로 살다보면 세상의 윤리와 자주 충돌하게 됩니다. 그래서 나는 50세 이전의 삶을 '한 마리의 개'이었다고 반성하며 올바로 살려고 노력하고 끊임없이 노력했습니다.

이순신 : 참으로 흥미 있는 주제입니다. 그리고 아주 큰 싸움이었다고 생각합니다. 그것은 한 개인이나 정권이 아닌 그 시대와의 싸움이고, 이념적인 싸움이었다고 생각합니다. 한낱 무인으로서 그 당시 그것을 제가 어떻게 알겠습니까?

그러한 유교의 교조화나 사회의 부조리는 우리 조선

역시 명에 뒤지지 않았을 것입니다. 아마도 우리의 조선이 훨씬 더 경직되었을 것입니다. 왜냐하면 선생님 같은 사상은 우리 조선에서는 결코 용납될 수 없었을 것입니다. 조선에서도 선생님이나 사상을 거론만 해도 이단시 되었을 테니까요.

이탁오 : 장군은 군왕에 대한 충성에 변함이 없었고, 부모에 대한 효성이 극진하였습니다. 즉 유교적 기본 윤리에 아주 충실하시면서도 표면적으로 유교와 싸운다고 보이는 저와 같은 길을 걸으신 것은 아주 흥미롭습니다. 희신羲臣 요신堯臣, 순신舜臣 우신禹臣이란 장군 형제들의 이름을 보며 놀랍니다. 중국의 성인으로 숭배되는 고대의 성왕聖王들의 이름자를 쓰지 않았습니까? 더구나 가정에도 충실하셨고 가솔들을 극진히 보살펴 주셨습니다. 특히 오륜五倫 중의 내가 좋아하는 친구와의 관계에서도 남다른 모습을 보여 주셨습니다. 사실 고상한 도덕이 아니면 살지 못한다고 떠드는 대학자나 성인군자라고 자부하는 사람들이나 고관대작들의 문신이 아니라, 전쟁터에서 항상 목숨을 내놓고 있는 장군에게서 우리의 중요한 학문적 도道를 발견하게 되어 놀랍습니다.

그러고 보면 유교의 오륜을 장군처럼 모범적으로 실천한 분도 많지 않을 것입니다. 그 위험한 생사의 전쟁터에서 거의 매일의 일기에 어머님 안부를 걱정하는 효심이나 가족 친지에 대한 사랑은 참으로 경탄스럽습니다. 그러한 점에서 옛 사람들이 '동방예의지국'이라고 한 것이 결코 헛된 말이 아니었음을 실감합니다.

이순신 : 웃으며 말하는 이탁오에 대해 너무 칭찬만 해 주시니 부끄럽습니다. 국가나 가족에 대한 사랑으로 물론 전쟁 중의 장수로서 가능한 대로의 최선을 다한 것 뿐입니다. 꼭 그렇게

하려고 한 것이 아니라, 그렇게 하지 않을 수 없었던 것뿐입니다. 바다를 지켜야하는 군인으로서 그의 임무를 다해야 하며, 부모와 가솔들에게는 물론 전쟁 중에 죽어가는 백성을 보며 어떻게 그들의 아픔을 외면할 수 있겠습니까? 그 어느 것이건 저의 특별한 의지가 있었다기보다는 제게 주어진 임무를 성실히 수행하려고 한 것입니다. 사실은 아주 단순합니다.

이탁오 : 매우 만족하며 크게 고조되어 긴 한숨을 내 쉬고, 무릎을 치며 아! 아 !. 감격하여 잠시 말을 잇지 못한다. 실로 400년을 참았던 긴 한숨이었다.

내 평생 양지를 말하며, 『분서』의 「동심설」 끝에서, "내 어찌 아직 동심을 잃지 않은 진정한 대성인을 만나 함께 이야기할 것인가?"라고 탄식한 간절한 소원을 장군과의 대화에서 이룩한 것 같아서 너무 기쁩니다.

1598년 장군과 함께 노량해전에서 왜군을 대항한 명의 수군제독 진린陳璘의, "하늘과 땅을 주름잡을 재조와 하늘과 해를 덮을 만한 공덕" 이라고 장군을 칭찬한 말이 결코 과장이 아니었음을 실감합니다.

한국 사람들이 오늘날 장군을 왜 존경하는지 내가 이제 정말 잘 알게 되었습니다. 장군께서 말씀하신 그 마음가짐이 바로 '양지良知'이며 진심이고 저의 주제인 '동심'입니다. 누가 가르쳐서가 아니라 우리의 마음속에서 스스로 느끼는 마음의 본체입니다.

그것이 곧 도道이며 진리입니다. 그렇게 하지 않고는 못배길 본래의 마음이고 진심입니다. 제가 동심설에서 강조했듯이 동심에서 출발하지 않고는 불리한 상황에서도 23회의 전쟁을 모두 승리로 이끈 위업의 저력이 바로 이것입니다. 그 때의 거의 불가능한 역사적 대승의 위업에 대해 좀 말씀해주십시오.

이순신 : 특별한 비결이 무엇 있겠습니까? 철저히 준비하고 장병들을 내 자식처럼 사랑하고, 죽음과 삶을 같은 선상에 놓고 두려워하지 않고 싸울 뿐이었습니다.

처음에 전라좌수사로 부임했을 때, 모든 사정이 실로 엉망이었습니다. 군인이 입을 군복이 부실하고, 군대의 숫자가 모자라고 병기가 녹쓸고 전함이 낡아 쓸모가 없었습니다.

특히 군기가 말이 아니어서 불신이 심했습니다. 수백 년간 전쟁이 없었던 당시의 상황을 짐작하시리라 믿습니다. 그래서 그저 암담했습니다. 크기와 강함을 알 수 없는 적과의 싸움을 준비해야 했으니 말입니다.

이탁오 : 장군께서는 그 바쁘고 위험한 전쟁 중에도 1592년 1월 1일부터 전사한 노량해전의 전날인 1598년 11월 18일까지도 일기를 쓰신 점 매우 놀랐습니다. 『난중일기』를 보니 평이한 문장과 상세한 기록 및 간결 진실하면서도 웅혼한 기상이 놀랍습니다. 한국의 국보 제 76호로서 유네스코의 세계문화 기록유산으로 등록되어 더욱 그 가치가

난중일기

빛나게 되어 다행입니다. 참으로 위대한 문인이시기도 합니다.

이순신 : 아닙니다. 틈나는 대로 나의 생각, 준비와 훈련 상황, 전투의 결과 등을 가볍고 평이하게 좀 쓴 것으로 문재랄 것도 없습니다.

이탁오 : 바로 그것입니다. 지극히 훌륭한 문장이란 동심에서 우러나는 마음을 가볍고 쉽게 쓰는 것이 아니겠습니까? 원래 문과 무란 공손한 차 대접처럼 부드러운 손바닥의 문과 남의 공격을 막는 무를 유가들이 불필요하게 애써 구분했는데, 장군께서는 문과 무를 겸비하신 분입니다.

장군의 부하와 백성을 사랑하는 마음, 엄격한 상벌, 국정에 대한 비판적 의견, 어머니와 가족에 대한 근심과 배려, 주변 사람들과의 만남, 왕래한 서신, 심지어 왕궁의 제삿날까지 기록하셨으니 기록이 많지 않은 당시의 사회상이고 훌륭한 전쟁사입니다.

특히 일본군과의 전쟁이나, 명군과의 연합 작전 등은 조선뿐 아니라 당시 동아시아의 국제전쟁인 임진왜란에 대한 상황의 기록이 되기도 하여 훌륭한 전쟁문학입니다.

이순신 : 감사합니다. 저의 글이야 그냥 소박하고 절실한 기록 뿐이었습니다.

이탁오 : 특히 전쟁 중 제작하셔서 전쟁에 이용한 유명한 전함인 거북선에 대해서 일고 싶습니다. 미국의 해군연구소는 미국의 항공모함 등 4척의 함선과 영국의 전함 드레드 노트, 독일의 경순양함 엠덴 호와 함께 세계 해군사에 가장 큰 영향을 준 함선 7척 중 하나로 장군의 거북선을 꼽았습니다. 이에 대해 좀 설명해 주십시오.

이순신 : 참으로 다행이었습니다. 침입할 적의 전함이나 전력을 파

악하기 어려운 상황에서 휘하의 유능한 군관인 나대용이 새로운 전함의 건조를 건의해왔습니다. 이미 조선 초에 제조했었다고 하나 실체가 없는 상황에서 현실에 맞게 건조한 것이지요. 이 돌격함인 전함이 일본 수군 격파의 큰 역할을 하게 되었습니다. 아마도 중국의 명초나 그 이전의 조선사造船史와도 관계가 있으리라 봅니다.

이탁오 : 현재 푸젠성 취안저우에 전시된 송대의 선박도 대단한데, 최근 유럽 독일의 쇼이어링Scheuring이란 중국학자의 명초 조선에 대한 박사학위 논문에서 거북선과 매우 유사한 전함인 "붉은 용의 배赤龍舟" 그림을 실은 것을 보았습니다.

이순신 : 그렇습니까? 역시 무에서 출발하는 역사는 없듯이 모든 사물은 그의 시원이 있다고 생각합니다. 저도 한번 찾아보아야하겠습니다.

적용주赤龍舟

비방과 찬양, 훼방과 칭찬을 초탈하다.

이탁오 : 우리의 삶이 결국 남의 비방이나 찬양 등을 전혀 의식하지 않은 점에서 커다란 동료의식을 느낍니다. 장군께서는, "산을 흔들고 바다를 뒤집으며, 천지간에 꽉 차 영원히 변하지 않은 그 귀한 정신"으로 일생을 바치면서도 세상 사람들의 잣대와 평가에 연연하지 않으셨습니다.

민족의 자유와 독립, 영원한 평화를 위한 삶의 공동체의 생존을 위한 시대적 사명으로 싸우셨습니다.

이순신 : 물론입니다. 국왕이나 통치자보다는 우리 옆에서 살며 죽어가는 불쌍한 수많은 보통사람들을 위해 싸우지 않을 수 없었습니다. 그 점에서는 선생께서도 마찬가지 아니었습니까? "밥 먹고 옷 입은 것이 가장 중요한 인륜"이라고 주장하신 것이 다 같은 맥락이라고 봅니다.

이탁오 : 세상의 소인배들이 모함하건 말건, 국왕이 총애하건 말건, 싸움의 승산을 확신하건 불신하건, 의무와 믿는 바를 위해 끝없는 충성심 즉 애국심으로 죽는 날까지 버티셨습니다. 그래서 오늘날 장군은 한국 민족혼의 조상이 된 것입니다.

이순신 : 선생께서 일생 동안 비판 공격하는 유교의 근본정신도 바로 그것이 아니겠습니까? 다만 유교의 참 정신은 잃고 오직 그 형식의 허구와 부조리를 따르던 후세 썩어빠진 유자들의 행태가 문제이겠지요.

이탁오 : 한국 근대문학의 선구자인 춘원 이광수가 장군에 대한 조카의 행장을 읽으면서 감격하여, "썩어 빠진 유자들이 역사적 사실을 그저 겉모습만 그럴듯하게 꾸미지粉飾않아서 다행"이라고 한 것이나, "국왕이나 그 밑의 썩은 유자의 무리들이 준 충무공이란 말을 나는 싫어한다. 이 백성 이 강

산에 대한 우리의 이순신은 그저 이순신으로 그 설명이 충분하다"고 한 말은 참으로 잘 표현되었습니다.

20세기 초 한국 반유교 사상의 선구자답습니다.

이순신 : 우리 한국은 역사상 유교 성리학의 경직화뿐 아니라 중국이나 일본 등의 영향 때문에 굴종적이고 부조리함이 불행하게도 중국보다 훨씬 더 했습니다. 바로 춘원 이광수의 소설 『이순신』의 마지막에서,

"그임진왜란 때의 적을 보면 달아나거나 적에게 항복한 무리들이 다 정권을 잡아 300년 호화로운 꿈을 꾸는 동안에 조선의 산에는 나무 한 포기조차 없어지고 강에는 물이 마르고 백성들은 어리석고 가난해졌다"고 매우 신랄하게 비판했습니다.

우리는 모두 적에게 포위되었었다

이탁오 : 제 생각으로는 장군께서는 실로 안과 밖에서 모든 적에게 완전히 포위되셨다고 생각합니다. 그 어려운 상황에서 어떻게 위기를 극복하실 수 있었습니까?

이순신 : 모든 적에게 포위됐다는 말씀은 아주 정확합니다. 저는 그의 크기와 강함을 거의 알 수 없는 왜군과 싸워야 했습니다. 단 한번이라도 패하면 끝장이었습니다. 그러나 어려운 큰 적들은 내부 도처에서 저의 작전과 계획들을 방해하고 있었습니다. 그의 방해자들은 때로는 위로 국왕일 수도 있었고, 조정의 고관이나 군부의 상관이기도 했습니다.

때로는 가까운 친구에게서도, 사태를 제대로 파악하지 못하는 사회에서도, 심지어 나의 작전을 이해 못 하는 부

하들 속에서 있었습니다. 그래서 나는 항상 그들과 싸워야 했습니다. 저는 관직을 박탈당한 후, 곤장을 맞고 사형의 위기에 처하기도 하고, 두 차례나 백의종군의 수모를 견뎌야 했습니다. 선생님께서는 이러한 부조리를 경직된 유교의 성리학에 그 책임을 많이 돌리신 것 같습니다.

이탁오 : 장군의 그 강인한 정신은 과연 어디에서 온 것입니까?

이순신 : 그에 대해 특별히 생각해 본 적은 없습니다. 다만 그 가난하고 불쌍한 우리의 부모 형제들이나 이 나라의 착한 백성들을 죽음으로부터 보호해야 된다는 생각뿐이었습니다. 그 절박한 순간에는 누구나 지혜와 용기와 힘을 필요로

현충원의 이순신 맹서. 필사즉생, 필생즉사

합니다. 다시 말씀드리지만 그것은 특별히 하려고 해서가 아니라 어떻게 그렇게 안 할 수가 있습니까? 그래서 나는, "죽으려고 하면 반드시 살 것이고, 살려고 하면 반드시 죽을 것이다"라는 각오로 모든 전쟁에 임했습니다.

칠천량 해전에서 대패한 우리 수군의 남은 배 12척으로 수백 척의 왜군과 싸워야하는 절박한 명량해전鳴梁海戰에서의 각오는 절망적인 상황에서 죽음을 안고 싸우는 것이었습니다.

왕조 붕괴와 사회변혁의 격변기에 새로운 시대를 바라며 역설한 선생님의 학문과 저술을 위한 투쟁도 역시 어려움이 컸으리라 믿습니다. 좀 말씀해 주십시오.

이탁오 : 최근 난징 대학살기념일을 기해 한국의 영화 「명량해전」이 중국에서도 상영되었습니다. 저의 투쟁이야 장군처럼 순간적으로 삶과 죽음의 경계에서 방황하는 전쟁의 어려움과 절박한 위기에야 비교되겠습니까? 다만 온 세상을 가득 채운 사회의 윤리와 시비평가를 부정하며 자유롭게 말하고 쓰며 비판하였으니 장군처럼 온통 적들에게 포위되었습니다.

위의 황제로부터, 조정의 고관들이나 대학자들을 비롯한 사회의 지식인 친구 등 수없는 적들에 싸여 살았습니다. 그래서 어사의 탄핵을 받아 옥중에서 최후를 스스로 결정했지만, 국가와 사회는 저의 이름과 저의 책들을 불태우고 금지시키며 서고에 묻어버렸습니다. 말하자면 장군께서는 눈앞의 적과 싸우셨지만, 저는 시대와 싸웠고 역사와 싸웠다고 할 수 있습니다. 그래서 계란으로 바위치기였지만, 그래도 먼 훗날을 기약하며 기다릴 수밖에 없었습니다.

죽음으로서 삶을 이루다

이탁오 : 장군의 장렬한 최후에 대해 참으로 감탄합니다. 저 역시 일찍이 사람의 죽음에 대해 논하면서 그 첫 번째의 가장 훌륭한 죽음으로 전쟁터에서 죽음을 꼽았습니다. 사실 죽을 땅에서 살기를 원한다면 그것은 대장부가 아니지요. 장군께서

"반드시 죽으려 한다면 살 것이요, 반드시 살려고 하면 죽는다"

는 말씀은 삶과 죽음이 서로 분리되지 않은 참으로 고도의 집중된 마음가짐입니다.

그런데 장군께서는 이기면서 죽어갔고, 죽으면서 이겼으니 얼마나 장렬한 최후입니까? 중국의 명보다 더 '붓의 나라'이었던 조선에서 칼로 이기셨으니 실로 역사적으로 남아서 조국 수호를 위한 불멸의 영웅으로 그의 명성을 만세에 빛낸 것이 아니겠습니까?

이순신 : 선생께서 "한 마리의 개이기를 거부한" 이후의 삶이 개일 때보다 더욱 어렵고 박해가 따랐다고 하셨는데, 그 점에서는 저와도 아주 같습니다. 엄청난 미지의 적과 싸워야 했고, 저의 주장을 굽히지 않는 성격 때문에 항상 상관과 정부의 억압을 받아 두 차례 사형의 위기와 두 차례의 백의종군이란 치욕을 감내해야 했습니다.

너무나 부실한 수군을 정비하여 강군을 만들기 위해 상관은 물론 부하의 억제와 저항도 받았습니다. 특히 정유재란 때 명 제국 원군의 지휘를 받게 되어 우리와 맞지 않는 실정과 이해의 서로 다름으로 대단한 고통을 겪었습니다.

그러므로 저는 항상 모든 적에게 둘러싸여 살았고 싸웠다고 생각합니다. 이에 나의 마음속에는 삶과 죽음이 항상 함께 교차했고, 저의 죽을 자리와 그의 방법을 상상하곤 했습니다.

그래서 저는 전임 수군통제사의 대패로 거의 파괴된 함대의 불과 12척으로 왜선 300여 척과 싸워야하는 거의 절망적인 명량해전을 앞두고 비장하게 다짐했습니다. 1597년 9월 15일의 일기에서, '한 사람이 길을 잘 지키면 1천 사람을 두렵게 할 수 있다.'고 썼습니다.

이탁오 : 짧은 삶의 시간동안 오래도록 사람들의 마음속에 남을 일을 하는 것은 쉽지 않습니다. 그래서 종교에서는 오래 산다고 해서 모두 영생永生을 말합니다. 앞에서도 말씀드린 대로 저의 주장과 비판은 대상이 너무 크고 범위가 너무 넓고, 또 그 역사적 중력이 너무 커서 그 당시에 도저히 쉽게 받아들여질 수 없었습니다. 거리낌 없이 내 소신대로, 주변과 사회의 윤리를 의식하지 않고, 특히 권력의 눈치를 보지 않고 세상을 평한다는 것은 참으로 어렵습니다.

그래서 저는 생명을 걸었습니다. 그리고 알 수 없는 먼 훗날을 기대해 보았습니다. 전쟁터에서 장군의 죽음이나 감옥에서의 저의 죽음이 사실 바로 유교에서 말하는 "몸을 죽여 인을 이루는殺身成仁"것이 아니겠습니까?

이순신 : 부끄럽습니다. 그저 그 당시의 상황을 간략하게 기록했을 뿐입니다. 흔히 말하는, "붓의 칼날筆鋒"을 선생님에게서 실감하고 있습니다. 그 역시 참으로 엄청난 싸움이라고 생각됩니다. 그리고 많은 사람과 오랜 시간을 요하는 싸움이군요. 저는 전쟁 수행의 장애와 싸운 현실적이고 주변적이라면 선생님의 싸움은 시대와 사회 및 역사와의 싸움이니 더욱 어려웠으리라 믿습니다.

그런데 저의 경우는 내가 발을 딛고 서있는 우리의 나라와 같은 동포인 민족이 적 앞에서 무참히 살육당하는 처참한 환경에서 선택의 여지가 없는 싸움이었습니다. 전쟁 중, 탄핵을 받아 파직되고, 사형을 겨우 면한 채, 백의종군하는 처지에서 어머니가 돌아가셔도 장례를 치를 수 없었고, 막내아들이 가족을 보호하려다 왜군에게 몇 토막이 났습니다. 그러므로 저에겐 삶과 죽음이 함께 있는 것으로 생각되었습니다.

후세에 저의 이름에 대한 생각 같은 것은 처음부터 없었습니다. 조금이라도 더 많은 적을 막아내고 우리의 국토와 우리의 민족을 보호하는 극히 소박하고 절박한 소망이었습니다. 그렇게만 된다면 저에겐 죽음이나 삶이 같이 있었습니다.

그래서 제가 전사하기 전날, 1598년 11월 18일의 일기에서,

"… 자정에 배 위로 올라 손을 씻고 무릎을 꿇고, 이 원수를 무찌른다면 지금 죽어도 유한이 없겠습니다."

고 하늘에 빌었습니다. 그리고 19일 두 시쯤에 노량에 이르러 적선 오백여척을 만나 아침이 되도록 크게 싸우다 죽었습니다.

이탁오 : 그 싸움을 세상은 노량해전이라 합니다. 장군은 이기면서 죽어갔고, 죽으면서 이겼습니다. 조선에서도 많이 읽힌 중국의 『연의삼국지』에서 촉한의 제갈량이 오장원에서 죽은 후에도 사마중달을 쫓았다는 고사가 있는데, 장군이야말로,

"죽으면서도 산 왜적을 쳐부수고 패주시킨 것입니다."

1598년과 동양 삼국의 평화를 위하여

이탁오 : 장군께서는 당시의 임진왜란의 의미를 어떻게 보시는지요?

이순신 : 우선 7세기 백제 멸망시기 일본의 지원 이래 임진왜란은 한반도에서 동양의 삼국이 7년간이나 충돌한 대 국제전쟁이겠지요. 그로 해서 명 제국이 붕괴됐고, 조선왕국이 극도로 황폐했으며, 일본만은 도쿠가와 바쿠후의 올바른 정치적 인도로 안정을 찾았습니다.

여러 가지 문제가 있겠으나 우선 군사적이나 해양적으로 보아 명 제국과 우리 조선왕국은 크게 깨닫고 새로운 시대를 대비했어야 합니다. 그리고 이것은 평화를 위한 우리의 방어이지 결코 침략을 의미하지 않습니다. 그러나 중국도 조선도 훨씬 뒤인 19세기 중엽 서양의 해상세력이 밀려들어올 때까지도 그저 꿈속에 있었습니다. 16세기말의 이 귀중한 경험을 잊어버리고 말았습니다.

또 하나의 관점은 명 제국 수군의 우수한 전통과 우리 조선의 현실에 맞는 적용이 막강한 일본의 수군을 꼼짝 못하게 묶어놓고 격파할 수 있었습니다. 그러므로 1598년은 동양 3국의 해양사나 수군의 역사에서 획기적인 시점이었다고 생각합니다. 이것은 중국의 조선술이나 항해술 및 무기체제 등의 일본수군에 대한 마지막 승리였습니다. 1894년 청·일 전쟁에서 아주 명백하게 증명되었습니다.

저는 오늘 매우 기쁩니다. 이렇게 귀하신 분을 만나 저의 삶이 마치 위대한 사상과 철학의 궤도에 따른 것 같아서 부끄럽기도 하고 자랑스럽기도 합니다. 따지고 보면 선생님의, "나라와 세상을 평화롭게 하는 치평治平의 도가 결국 저의 불가피한 전쟁의 목표와도 같은 것"이라고 생각했습니다. 저도 전쟁을 좋아하지 않습니다. 평화로운 시대, 안정된 국가를 원했습니다.

그러므로 우리의 후배인 안중근처럼 동양의 평화를 위해서 전쟁을 빨리 끝내고 싶었을 뿐입니다. 이것이 바로 우리 동양을 위한 공동번영의 길입니다. 지리적인 접근성은 물론 한자문화의 여러 공통점 등으로 보아 문화의 공동체를 만들어야 할 것으로 믿습니다. 유럽연합Europe Union은 우리 동양에 더 커다란 자극과 동시에 모델이 되고 있습니다. 공동의 번영을 통한 새로운 문화세계의 창조가 매우 시급한 때라고 믿습니다.

이탁오 : 좋은 말씀입니다. 이웃나라와 사이좋게 지내는 것이 매우 중요합니다. 서로 싸우면 승리와 패배가 항상 되풀이되어 불행은 끝이 없습니다. 그 복잡하던 유럽의 27개국이 대립과 분쟁의 역사를 극복하고 오늘날 평화와 협력의 새로운 시대를 열어가는 지혜를 배워야 할 것입니다. 그러므로 처음에 말씀하셨던 일본인의 만화 『삼몽전』은 참으로 기발한 생각이었습니다. 우리 중국의 정치 이상인 '치국평천하'가 바로 그러한 세계를 의미합니다.

동방의 문화 해양국가로 거듭나야

이탁오 : 거듭 말씀드리거니와 아직 동심을 잃지 않은 사람과 만나 이야기할 수 있어서 매우 기뻤습니다. 장군의 그 마음가짐이 바로 우리 마음의 본 고향이며 동심입니다. 제가 54세에 관직을 사임한 후, 22년 동안 고향과 가족을 버리고 세상을 돌아다니며 찾으려고 한 사람이 바로 장군 같은 분이었습니다. 저의 생각을 그대로 실천하는 그런 분을 찾아 헤맸습니다.

역시 한국은 매우 흥미 있는 국가입니다. 한편으로는 유교의 허구투성이의 외형도 중국에서 많이 받아들여 중국보다 더 형식화 경직화됐지만, 다른 한편으로 장군처럼 그의 진수를 받아들여 중국보다 더 발전시킨 데 대해 경탄을 금치 못합니다. 17세기 대명제국에 장군과 같은 분이 있었다면 멸망에 이르지 않았을지도 모릅니다. 우리의 학문이 여기서 이렇게 꽃 필 줄은 전혀 생각하지 못했습니다.

이순신 : 너무 칭찬만 해주셔서 부끄럽습니다. 그런데 지금 우리의 정세를 보면 불안하여 여전히 위기를 느끼게 됩니다. 발전을 거듭하는 초대국가인 중국과 경제의 대국인 일본 사이에서 더구나 지난 50년간의 미국관계까지 겹쳐 미래가 보이지 않습니다. 선생님께서는 어떻게 생각하시는지 궁금합니다. 최근에는 중국과의 고구려사 문제, 독도 문제, 일본의 역사교과서 문제 등 어려움이 계속되고 있습니다. 위기 극복의 방법은 없겠습니까?

이탁오 : 장군의 말씀처럼 남북을 막론하고 한반도의 전 국민의 불안이 크리라 믿습니다. 특히 지난 한 세기 반 동안, 한반도는 종전의 중국 중심적 대륙문화와 해양문화와 미국과 일본 등의 해양문화가 접촉하고 충돌하는 지역이었습니다.

더구나 20세기 중엽에는 자본주의와 공산주의로 상징되는 두 세력 간의 충돌로 3년간의 국제전쟁을 치렀습니다. 임진왜란 이후 처음이었습니다. 그리고 더욱 괴로웠던 것은 분단된 남과 북이 서로 대립된 양측을 대리해서 전쟁을 벌인 것입니다.

그러나 지난 반세기 동안 한국인들이 보여준 경제성장이나 민주주의의 놀라운 발전 등은 바로 세계가 놀라지 않습니까? 그것이 곧 한국의 잠재력이며 가능성일 것입니다. 장군의 해전에서의 완전한 승리는 그 당시 일본뿐 아니라 동아시아 최강의 해군이었습니다.

그런데 그것은 16세기 말의 전통에 그치지 않고 오늘날 한국이 세계 최대의 조선국가로 발전하지 않았습니까? 현대 그룹의 정주영 회장이 영국에서 보인 500원 지폐의 장군과 거북선 사진의 전설 같은 이야기는 놀랍고 두고두고 흥미로운 에피소드가 될 것입니다. 그것이 바로 역사의 저력입니다.

이순신 : 이탁오의 이야기를 듣던 이순신은 황급히 말을 받아 아니 선생님, 그렇게까지 생각하십니까? 저는 전혀 생각하지 못했습니다.

이탁오 : 그렇습니다. 한류와 난류가 만나는 곳에 물고기가 번성하듯이 해양의 문화와 대륙의 문화가 접촉하고, 서양과 동양, 다른 말로 자본주의와 사회주의가 충돌하는 지역에서 양측을 통합하는 문화가 창출되리라 믿습니다. 우리 중국의 성리학을 이퇴계가, 우리의 동심을 장군이 실천했듯이 한국의 위대함이 여러 분야에서 계속 발휘될 것입니다. 아마도 한국의 태극기가 매우 철학적인 의미로 그것을 상징하는 것 같습니다. 한국의 자동차나 반도체 및 조선업의 세계진출을 반세기 전에 꿈이나 꾸었겠습니까?

그러니 희망을 가져야 합니다. 절망 속에서 우뚝 스셔서 바다를 제패하신 장군과 같은 기개로 다시 미래를 향해 세계로 나아갈 수 있을 것입니다. 그를 위해 동아시아 우리의 평화로운 공동체와 협력이 그 어느 때 보다 더 필요한 때입니다. 평화와 협력 없이는 아무 것도 이룩할 수 없을 것입니다.

그리고 한국은 지리적 위치처럼 거대한 대륙의 중국과 바다의 일본 사이에서 양측을 연결하고 화합시킬 수 있는 중요한 역할이 가능할 것입니다. 우리 세기에 그러한 역할의 중요성은 점점 증대하고 있다고 생각합니다.

이탁오 : 이처럼 훌륭한 분과 좋은 이야기를 할 수 있어서 매우 유익했습니다. 다음에 다시 좋은 기회가 있기를 진심으로 바라는 바입니다. 주신 『칼의 노래』, 『불멸의 이순신』, 『충무공 이순신 전집』,『이순신 평전』등을 잘 읽은 후 만나 뵙겠습니다.

이순신 : 찾아주셔서 대단히 반가웠습니다. 계속 좋은 여행되시기 바랍니다.

이번의 한국여행이 참으로 보람 있었다고 생각하며 이탁오는 시원한 현충사 경내를 걸어 나갔다. "반드시 죽으려 함은 살 것이요, 반드시 살려고 하면 죽을 것이다必死則生 必生則死"란 이순신의 맹세가 새겨진 자연석 비를 보면서 면적은 작지만, 대단한 역사와 문화적 저력을 가진 나라라고 느끼며 깊은 생각에 빠져들었다.

멀리 사라져 가는 이탁오의 뒷모습을 바라보면서, 그의 미래지향적으로 자유분방한 사상에 탄복한다. 그의 사상적인 꿈이 우리 세기의 동아시아의 화합과 발전에 크게 기여하리라고 기대하며 이순신도 이탁오와 함께 16세기의 조선을 생각하며 깊은 생각에 잠기고 있었다.

6부

부록

1. 중국의 이탁오 연구소식

1) 장지엔예張建業 주편, 『이지문집李贄文集』 7권, 사회과학문헌출판사, 북경, 2000.
2) 장지엔예 주편, 『이지전집주李贄全集注』 26권, 사회과학문헌출판사, 북경, 2010.
3) 2012. 허난성 상성현 황벽산에 이지서원 건립.
4) 2012년 9월, 기념이지탄신 485주년 기신 410주년 국제학술연토회 이지서원에서 개최.
5) 2014년 취안저우에서 「이지와 동아문화」 국제학술연구토론회 개최,

2. 한국과 저자의 이탁오 연구소식

1) 평전, 『공자의 천하 중국을 뒤흔든 자유인, 이탁오』, 지식산업사, 2006.
2) 2009년 3월, 하남성 이지서원의 고문 추대. 서원 본관에 사진과 소속 및 성명기재.
3) 2009년 5월, 한국양명학회 춘계학술대회 『동아시아와 이탁오』에서 「16세기와 20세기 동아시아의 이탁오」의 기조발표.
4) 2010년 5월,『이지전집주』권26 pp.400-403에 「한국 이지 유관 논저」 기술.
5) 2012년 9월 하남성 이지서원의 국제학술연토회에서「이지와 조선 허균의 사상적 만남」을 발표.
6) 2014년 10월, 취안저우의 「이지와 동아문화」 국제학술연구토론회에서 「한국에서의 이지 평가」를 발표.
7) 2014년 10월, 과천문화원에서 「이지의 진보적 여성관」 발표.
8) 2015년 『월간중앙』1월호에 「이탁오의 고향 취안저우를 가다」를 기고.
9) 2015년 2월 중국 푸젠성의 잡지 『민난閩南』에 「동아시아 사상의 고향, 취안저우東亞思想的故鄕, 李贄的泉州」를 기고.
10) 2015년 7월, 신용철의 연구실 장사재藏史齋에 중국 이지연구회장인 장지엔예 교수의 휘호 「韓國李贄硏究室」을 걸다.
11) 2015년 8월부터 이지연구실에서 이지에 관한 공부방, 「역사의 사랑방」 운영.
12) 2015년 9월, 한국명청사학회의 월례발표회에서 「후베이성 마청현의 16세기 이

지의 학술원, 지불원 답사」를 발표.

13) 2016년 2월 26일, 역사문화포럼에서, 「동아시아의 도전적 자유인 이탁오」 발표.

14) 2017년, 『명대 사상가 이지와 조선의 실학』(탐구당)

3. 이지와 이순신 및 허균의 비교연대표

1527 이지, 푸젠성 취안저우에서 태어나다.
왕양명 전주의 만족을 투항시킴,

1528 왕양명 양관의 만족을 평정.

1529 왕양명의 죽음.

1530 공자를 지성선사로 추존함.

1533 이지, 시가를 배우다.

1539 이지, 공자를 비웃는 「노농로포론」을 쓰다.

1540 이지, 『주역』과 『상서』를 읽다.

1541 이지, 천주의 부학에 입학하고 피위로 이름의 '재'자를 지웠다. 칼뱅의 종교 개혁.

1543 백운동 서원 설립, 도쿠가와 이에야스, 출생하다.

1545 이순신, 서울에서 출생하다.

1547 이지, 황씨와 결혼하다.

1549 프란시스 자비에르 일본에 기독교 전파.

1552 이지, 푸젠성 향시에 급제하여 거인이 되다.

1554 경복궁 중건, 영국 구교파의 우세.

1555 이지, 하남성의 교유로 관직을 시작하다.

1556 조선 왜구에 대비하여 무과 설치.

1557 포르투갈인 마카오에 거주권 획득.

1558 왜적 방어를 위해 쓰시마에 세사미를 대어줌. 독일 칼 5세의 죽음.

1559 이지, 남경 국자감 박사가 되었으나, 부친의 사망으로 상기를 위해 고향에 머물다.

1563 유대유 복건에서 왜구 격파.

1564 이지, 북경 국자감 박사가 되었으나 조부의 사망으로 고향에 돌아왔는데 둘째와 셋째 딸이 영양실조로 죽다.

1566 이지, 북경의 예부사무로서 양명학을 배우기 시작하다.

1568 척계광의 왜군 수비.

1569 허균, 강릉에서 출생하다.

1570 이지, 남경의 형부 원외랑이 되다.

1572 이지, 황안의 경정리를 사귀다.

1574 이지, 『노자해』를 쓰다.

1575 김효원과 심의겸의 동서 분당 시작, 이율곡의 『성학즙요』.

1577 이지, 운남성 야오안의 지부로 취임하다.

1580 이지, 야오안현 지부를 사임하고 황안으로 가다.

1581 이지, 황안의 경정리의 집에 머물다. 마태오 리치 마카오에 오다.

1582 허균, 손곡 이달을 만나다.

1584 이율곡의 죽음, 도꾸가와 이에야스 도요또미 히데요시의 군사 격파, 누르하치가 군사를 일으킴.

1585 이지, 경정리가 죽고 경정향과 불화하여 유마암에 머물다.
허균, 초시에 합격하고 결혼하다.

1586 허균, 사명당을 만나고 유성룡에게 배우다.

1587 이지 유마암에서 가족을 천주에 보내다.
이순신, 녹둔도의 둔전관으로 패전의 책임을 지고 제1차 백의종군 하다.

1588 이지, 지불원으로 옮기고 『초담집』을 간행하다.
이순신, 백의종군이 해제되어 집에 돌아가 한가하게 머물다.

1589 이지, 지불원에 머물며 연구에 전념하다. 이순신, 정읍현감이 되다.

1590 이지, 『분서』를 간행하여 경정향과 논쟁이 격화되다.
이순신, 만포진 첨절제사로 발령되었으나 대간의 반대로 무산되다.

1591 이지, 그릇된 도로 백성을 속였다고 비판되고 유동성에 머물다.
이순신, 47세에 진도군수를 거쳐 가리포진 첨절제사에서 정 3품 전라좌수사 절충장군이 되다.

1592 이지, 원중도 삼형제와 교류하고 『충의수호전』 출판하다.
이순신, 임진왜란이 일어나 옥포 · 합포 · 당항포 · 율포 · 안골포 · 견내

량·부산포에서 왜군을 연속 격파하다.
허균, 임진왜란으로 피난하고 아내가 죽다.

1593 이지, 지불원에서 3원과 교류하다.
이순신, 한산도 대첩으로 삼도수군통제사가 되다.
허균, 낙산사에서 『학산초담』을 짓다.

1594 이지, 『분서』 간행 이후 박해가 강화되다.
이순신, 당항포 해전에서 승리하고 진중에서 무과를 시행하다.
허균, 문과에 급제하고 승무원 사관으로 요동에 다녀오다.

1595 이지, 유동성에 머물고 사순도의 핍박이 가속되다.
이순신, 원균이 충청병사로 전직되고 체찰사 이원익이 군영을 보러오다.

1596 이지, 유동성 부자와 『도고록』을 간행하다.
이순신, 52세에 요시라의 계략과 원균의 모함으로 중형을 선고받았으나 정탁 등의 충간으로 출옥하였는데 모친이 별세하다. 새 삼도수군통제사 원균이 칠천량 해전에서 대패하여 조선수군이 거의 전멸하다.

1597 이지, 매국정과 함께 『손자참동』을 쓰다.
이순신, 12척의 배로 수백 척의 왜군을 명량해전에서 격파하다.
허균, 문과에 장원하여 예조좌랑으로 중국에 다녀와 『정유조천록』을 쓰다.

1598 이순신, 도요도미 히데요시의 사망으로 철군하는 왜군과의 노량해전에서 전사하다.
허균, 중국 장군들을 접대하고 『조선시선』을 엮었으며 『무오서행록』을 쓰다.

1599 이지, 마태오 리치를 만나고 『장서』를 출판하다.
허균, 병조좌랑이 되었으나 탄핵으로 파직되다.

1600 이지, 지방관 풍응경이 지불원을 불질러 하남성 황벽산으로 피신하다.

1601 이지, 황벽산에서 북경 근처 퉁저우 마경륜 집으로 피신하다.
허균, 중국의 사신을 접대하고 형조정랑이 되다.

1602 이지, 76세에 장문달의 탄핵을 받아 구속 중 옥중에서 자결하다.
허균, 중국에 다녀오고 병조정랑이 되었으며 『임인서행록』을 엮다.

1603 허균, 춘추관 편수관을 겸직하다.

1605 허균, 『하곡집』를 출간하다.

1606 허균, 명나라의 주지번을 접대하고 『황화집』을 간행하다.
1607 허균, 삼척부사가 되었다 파직되고 『국조시선』을 엮다.
1608 허균, 『난설헌집』을 간행하다.
1609 허균, 『기유서행기』를 엮다.
1610 허균, 명나라 천추사에 임명되었으나 탄핵으로 파직되고 전시감독관으로 혐의를 받아 귀양을 가다.
1611 허균, 『성소부부고』 64권을 짓다.
1612 허균, 『사명대사문집』의 서문을 쓰고 『홍길동전』을 짓다.
1613
1614 허균, 호조참의로 춘추사로 중국에 다녀오다.
1615 허균, 동부승지가 되고 가선대부로 승진하여 중국에 가다.
1616 허균, 중국에서 돌아와 『을병조천록』을 엮었는데 이 안에 『분서』를 읽고라는 시가 들어있다. 5월 형조판서가 되었다가 10월 파직되다.
누르하치, 청 제국의 황제가 되다.
도쿠가와 이에야스, 세상을 떠나다.
1617 허균, 좌참찬에 올랐으나 그의 혁명계획을 고발하는 비밀상소가 있었다.
1618 허균, 『손곡집』을 간행하고 『한정록』을 저술하다. 역적으로 잡혀 저잣거리에서 무참하게 처형되다.

4. 충무공 이순신 장군의 현충사 연혁

1) 아산 현충사의 건립

유생들의 건의로 숙종 32년 1706 어명으로 지금의 자리에 사당을 짓고 이순신 · 이완 · 이봉상 3위를 모셨다.

2) 현충사의 수난

1863년 홍선대원군의 서원 철폐령으로 유생의 반대에도 폐사.

3) 일제 강점기의 충무공 유적지 보존과 현충사

조선총독부의 압박과 종손가의 궁핍으로 위토와 묘지까지 경매의 위기에 처하다.

4) 1931년 5월 13일 『동아일보』에 보도되면서 5월 26일 송진우, 정인보, 김성수, 최남선 등 15인의 충무공유적보존회가 결성되어 윤치호가 위원장에 선임되었다.

모금운동이 전개되어 1만 6021원의 성금이 모아졌다. 충무공유적보존회는 성금으로 종손가의 채무 청산과 함께 현충사를 중건하고 위토를 추가 매입

5) 춘원의 충무공 이순신 대국민 선양 공헌

1. 춘원의 충무공 유적지 답사 14회 『동아일보』에 연재
2. 1931년 5월 23일자 2면 소설 이순신 연재 『동아일보』

6) 중건 현충사 비문

이 충무공은 인종 원년 을사 삼월 팔일 건천동서 나 선조 구 년에 무과하고 십육 년의 건원 보권관이 되고 전라좌도수군을 처음 거느리기는 이십 사년이니 이듬해는 곧 임진이라 계사에 삼도수군통제사가 되고 무술 십일 월 십구 일 관음포에서 전사하니라 아산 어름목 산소를 비롯하여 뱀 밭 고택과 친히 쓴 일기와 편지와 환도금대옥로 다 조서의 받들고 지킬 바이라 간해 비로소 공의 유적보존을 구구히 도모함이 실로 황송하도다. 정성의 모됨으로 먼저 산소의 향화를 받들도록 하고 이어 고택 이웃에 이집을 지어 공의 화상을 그려 뫼시고 유물을 이에 감초아 두니라 집이 이룬 뒤 마당에 비를 세울 새 우에 공의 생졸 연월을 간략히 적고 밑으로 이번 일의 대강을 써 뒷사람으로 보게 하노라. 공 나신지 삼백팔십 팔 년 임진 오월 이일 이 충무공 유적 보존회"

7) 이 충무공 영정(크기: 세로 193cm, 가로 113cm, 문화재청 현충사 관리소)

5. 이탁오 관련 연구성과

단행본

레이 황 저, 김한식 외 역, 『만력 15년 아무 일도 없었던 해』, 서울: 새물결출판사, 2004.

미조구치 유조 저, 김용천 역, 『중국 전근대 사상의 굴절과 전개』, 서울: 동과서, 1999.

배영동, 『명말청초사상』, 서울: 민음사, 1992.

사마다 겐지 저, 김석근 외 역, 『주자학과 양명학』, 서울: 까치, 2003.

시어도어 드 배리 저, 표정훈 역, 『중국의 '자유' 전통』, 서울: 이산, 1998.

신용철, 『공자의 천하, 중국을 뒤흔든 자유인 이탁오』, 파주: 지식산업사, 2006.

양궈룽 저, 김형찬 외 역, 『양명학』, 서울: 예문서원, 1994.

옌리에산·주지엔구오 저, 홍승직 역, 『이탁오 평전』, 서울: 돌베개, 2005.

이지 저, 김혜경 역, 『명등도고록』, 파주: 한길사, 2016.

이지 저, 김혜경 역, 『분서』 전2권, 파주: 한길사, 2013.

이지 저, 김혜경 역, 『속분서』, 파주: 한길사, 2007.

이지 저, 이영호 역주, 『이탁오의 논어평』, 서울: 성균관대학교출판부, 2009.

이지 저, 홍승직 역, 『분서』, 서울: 홍익출판사, 1998.

중국철학회, 『중국철학의 이단자들』, 파주: 예문서원, 2000.

황종희 저, 김덕균 역, 『명이대방록』, 파주: 한길사, 2000.

E. Cheang, Li Chih as a critic: a Chapter of the Ming Intellectual History, Ann Arbor: University of Michigan, 1973.

Hok-lam Chan, Li Chih 1527-1602 in Contemporary Chinese Historiography, New York, M. E. Sharpe, 1980.

Kam Louie, Critiques of Confucius in Contemporary China, Hong Kong: The Chiese University Press.

L. Carrington Goodrich editor, Chaoying Fang associate editor, Dictionary of Ming

Bioraphy 1368-1644, New York: Columbia University Press, 1976.
Wilfried spaar, Die Kritische Philosophie des Li Zhi(1527-1602) und ihre politische Rezeption in der Volksrepublik China, Wiesbaden: Otto Harrassowitz, 1984.

傅小凡, 『李贄哲學思想硏究』, 福州: 福建人民出版社, 2007.
鄢烈山, 朱健國, 『李贄傳』, 北京: 中國工人出版社, 1993.
吳澤, 『儒教叛徒李卓吾』, 臺北: 仲信出版社, 1949.
王國鈞 主編, 『李贄與南安』, 北京: 中國廣播電視出版社, 2003.
容肇祖, 『明代思想史』, 臺北: 臺灣開明書局, 1978.
容肇祖, 『李卓吾評傳』, 上海: 商務印書館, 1937.
李贄 著, 『焚書/續焚書』, 臺北: 漢京文化事業有限公司, 1984.
李贄 著, 張建業 主編, 『李贄全集註』, 北京: 社會科學文獻出版社, 2010.
林海權, 『李贄年譜考略』, 福建: 福建人民出版社, 1992.
張建業 主編, 『李贄論叢』, 北京: 北京燕山出版社, 2001.
張建業 主編, 『李贄與麻城』, 北京: 中國廣播電視出版社, 2003.
張建業, 『李贄論』, 北京: 社會科學文獻出版社, 2010.
莊炳章, 『泉州歷代名人傳』, 晉江: 晉江地域文化局文管會, 1982.
陳鼓應 等 主編, 『明淸實學思潮史』상권, 北京: 濟魯書社, 1989.
陣金土, 『李贄的故事』, 北京: 華藝出版社, 2010.
嵇文甫, 『左派王學』, 臺北: 國文天地雜誌社, 1990.
侯外盧, 『中國思想通史』제4권, 濟南: 中國史學社, 2007.

溝口雄三, 『中國の人と思想10: 李卓吾』, 東京: 集英社, 1985.
溝口雄三, 『中國近代思想の屈折と展開』, 東京: 東京大學校出版部, 1980.
島田虔次, 『朱子學と陽明學』, 東京: 岩波書店, 1967.
島田虔次, 『中國における近代思惟の挫折』, 東京: 筑摩書店, 1972.
東京大學中國哲學硏究室 編, 『中國思想史』, 東京: 東京大學出版會, 1952.
增井經夫, 『焚書』, 東京: 平凡社, 1969.
增井經夫, 『中國の歷史書: 中國史學史』, 東京: 刀水書房, 1984.
後藤基巳, 『中國古典文學大系』전60권, 東京: 平凡社, 1971.

논문

고병익, 「유교의 이단자 이탁오」, 『아시아의 역사상』, 1969.

구교현, 「이탁오와 이덕무의 문학론 비교 연구」, 『중국어문학논집』 14, 2000.

권중달, 「명말·청초의 경세사상」, 『명말 · 청초사회의 조명』, 1990.

김길락, 「명대에 있어서의 양명철학의 전개」, 『유교사상연구』 1, 1986.

김덕균, 「이지 철학사상에 나타난 상대적 자연과 본래적 인간」, 『동양철학의 자연과 인간』, 1998.

김덕균, 「이탁오 철학사상에 대한 비판적 검토」, 『한중철학』 2, 1996.

김도연, 「이지의 비판정신에 관한 연구」, 숭실대학교 석사학위 논문, 1988.

김세서리아, 「양명좌파와 이탁오 사상에서의 개별주체와 공동체 주체」, 『오늘의 도양사상』 15, 2005.

김세서리아, 「유교논리의 실체화가 여성관에 미친 영향과 그 비판에 관한 연구」, 성균관대학교 박사학위 논문, 1997.

김세서리아, 「이지의 윤리관에 나타난 남녀평등의식에 관한 연구」, 성균관대학교 석사학위 논문, 1989.

김세서리아, 「이지의 논리관」, 『한중철학』 창간호, 1995.

김세서리아, 「이지의 역사인식」, 『수선논집』 19, 1994.

김세서리아, 「이지의 평등사상」, 『수선논집』 18, 1993.

김수중, 「명대 심학의 분기 2－하심은·이탁오의 심학」, 『공자학』2, 1996.

김수중, 「명대 태주학파의 사회사상」, 『시대와 철학』 1, 1987.

김수중, 「양명학의 '대동'사회의식에 관한 연구」, 서울대학교 박사학위 논문, 1991.

김수중, 「태주학파의 학문 성격과 이상사회 의식－왕랑을 중심으로」, 『철학』 33, 1990.

김양섭, 「명말 태주학파에 대한 청대 고증학자의 인식: 「사고전서총목제요」의 서평을 중심으로」, 『경희사학』 18, 1993.

김용태, 「이건창의 「이탁오찬」에 대하여」, 『동양한문학연구』 26, 2008.

김정희, 「원핑도 심령설 연구－이지와의 비교를 중심으로」, 『석당논총』 23, 1996.

김정희, 「이지의 내면세계－유 · 불 · 심학의 수용을 중심으로」, 『석당논총』 21, 1995.

김춘희, 「이지에 대한 재평가－도덕성을 중심으로」, 『명청사연구』, 2007.
김태오, 「이탁오 동심설의 교육적 논의」, 『교육사상연구』 21, 2007.
김혜경, 「이지연구시론－그 문학사상의 이해를 위한 몇 가지 전제들」, 『중국어문학지』 1, 1994.
김혜경, 「이지와 『분서』」, 역서 『분서 1』, 파주: 한길사, 2010.
김혜경, 「이탁오의 인식세계」, 『중국어문학지』 10, 2001.
김혜경, 「이탁오의 출가와 그 배경」, 『중국학보』 47, 2003.
박상리, 「양명학의 서민적 성격과 구세의식－태주학파 왕간을 중심으로」, 『양명학』 8, 2002.
박현규, 「김중청의 『조천록』과 부정적인 허균 모습」, 『열상고전연구』 22, 2005.
박현규, 「천추 사행 시기 허균의 문헌 관련 활동」, 『동방학지』 134, 2006.
박현규, 「허균이 도입한 이지 저서」, 『중국어문학』 46, 2005.
배영동, 「양명학 좌파사상의 역사적 성격」, 『한국정치학회보』 24, 1990.
신용철 외, 『동아시아와 이탁오』, 한국양명학회: 춘계학술대회발표논문집, 2009.
신용철, 「『여성관을 통해 본 이지의 사회비평』 요약」, 『경희사학』 9・10합집, 1982.
신용철, 「명대 이지와 그 생애」, 『고황』 26, 1982.
신용철, 「유교개혁의 사상적 선구자 이탁오－이단을 자처하며 정도를 추구하다」, 『동아시아의 인간상』, 1995.
신용철, 「이지의 역사관시론」, 『경희사학』 11, 1983.
신용철, 「이지의 역사인물비평－명대사평에 의한 공헌」, 『역사와 인간의 대응』, 1984.
신용철, 「이탁오와 마테오 리치의 교우에 관하여－16세기 동서문화 접촉의 한 가교」, 『명청사연구』 3, 1994.
신용철, 「이탁오의 교육사상」, 『동양사연구』 4, 1998.
신용철, 「이탁오의 사회비평－그의 여성관을 중심으로」, 『동양사학연구』, 1984.
신용철, 「중공에 있어서 이지상의 정치적 수용」, 『경희사학』 9・10합집, 1982.
신용철, 「초횡의 생애와 사상－명말 청초의 한 가교」, 『경희사학』 15, 1988.
신용철, 「한국에서 이탁오 연구」, 『한국사상사학』 4, 1993.
오상훈, 「이탁오의 교우관과 생사관」, 『사학논총』, 1979.

우재호, 「원굉도와 이지의 교유에 대하여」, 『중국문학연구』 3, 1994.
유동환, 「이지의 동심설 연구」, 『중국철학』 7, 2000.
유동환, 「이지의 천리이욕론 연구」, 고려대학교 박사학위 논문, 2000.
유명종, 「청대 양명학의 종말」, 『동아대학교대학원논문집』 12, 1987.
이경룡, 「태주학파 왕간의 수양론과 대성학」, 『양명학』 5, 2001.
이권효, 「『분서』·『속분서』에서 나타난 이지의 호학관 연구」, 영남대 박사학위 논문, 2009.
이병한, 「이지의 문학론-동심설을 중심으로」, 『중국학보』 27, 1987.
이영호, 「이탁오와 조선유학」, 『양명학』 21, 2008.
이재하, 「이지의 『장서』 연구」, 『석당논총』 23, 1996.
이현주, 「이탁오의 동심설 시석」, 『중국학연구』 6, 1991.
임상열, 「이탁오의 「부부론」과 「논리관」」, 『전주사학』 창간호, 1984.
전병술, 「태주학파의 이론 전개」, 『양명학』 3, 1999.
정인재, 「이지의 심성론-동심설을 중심으로」, 『동아문화』 24, 1986.
정지호, 「왕간의 사회사상」, 『동양학연구』 1, 1989.
정지호, 「태주학파와 그 사상의 전개」, 『고봉논집』 6, 1990.
최재목, 「이탁오의 유적, 유물을 찾아서」, 『오늘의 동양사상』 16, 2007.
최재목, 「이탁오의 재발견」, 『오늘의 동양사상』 16, 2007.
홍승직, 「이지의 문학사상 연구」, 『인문과학논총』 2, 1996.
홍원식, 「'근대적 개인'의 발견-태주학파를 중심으로」, 『자연과 인간 그리고 사회』, 1992.
신용철, "Die Sozialkritik des Li Chiih(1527-1602), am Beispiel Seiner Einstellung Zur Frau", Frankfurt, a.M. Peter Lang, 1982.
손예철, 「李卓吾成學過程之硏究」, 臺灣大學校 박사학위 논문, 1987.
이경룡, 「羅汝芳思想硏究」, 臺灣大學校 박사학위 논문, 1999.

中文摘要

批判性理學的儒教改革者

李卓吾與朝鮮實學

明末是東亞劇烈激變的時期。對內，王朝開始走向沒落，東北地區隨著滿洲人的後金(後來的淸)而危機加重；對外，隨著地理大發現與宗教改革的膨脹，西方宗教與文化開始襲來。此間，越海而來的日本大規模水軍侵略朝鮮半島而爆發的東亞國際戰爭影響最甚，持續將近七年的這“萬曆之役”更是加促了明王朝的衰退。

李卓吾(1528-1602)，作爲“轟動明末的自由人”，以及傑出的思想家、文學家及史學家，對國際局勢亦尤其開眼。他反對普遍性的風潮，主張有悖於時代的改革；反對硬直的虛構因習，積極力說追隨人之根本；反對盲目的追從他人，倡導實踐與驗證。

反對假飾，主張童心與真心。他提出腐敗根絶、淸廉政治及男女平等等極其新鮮多樣的理論與命題，故1981年中國共產黨及≪人民日報≫發表的≪愛國主義是建設社會主義的巨大精神力量≫對李贄給予了高度評價。≪紅旗≫雜誌等編纂的≪中華英傑錄≫選定李贄爲中國歷史上八十三名英傑之一。

日本的一位作家選中國的李贄、朝鮮的救國英雄李舜臣提督及日本的德川家康爲十六世紀東亞偉人。儘管三偉人無直接關係，但皆以政治、文筆及劍爲救國救時代而奮鬥，又皆因此捨命殺身成仁。另一方面，作爲壬辰倭亂後朝鮮的學者、文筆家及政治家，許筠(1569-1618)的生涯與思想被評爲“朝鮮之李卓吾”。

李卓吾強烈反對人間僞善假飾，主張童心，而許筠亦強烈反對作爲官學的儒教硬直的倫理及社會習慣。受容被社會輕視壓迫的佛教，主張社會平等卽肯定在能力與社會活動中極度歧視的女性能力。

特別是許筠之≪洪吉童傳≫作爲韓國最初的韓語小說，受李卓吾思想及文學理論影響薪大。作爲使臣出使中國時寫的中國旅行記≪乙丙朝天錄≫中記錄有品讀李卓吾≪焚書≫後的讀後感。“淸朝焚却禿翁父，其道猶存不盡焚”，如此高度評價李卓吾思想的許筠，可以說是這一時代朝鮮眞正的“自由人”。

1602年李卓吾獄中自決，1618年許筠被處以極刑，這些都是對在明帝國及朝鮮儒教世界自由學問風氣的大挫折。1644年明帝國滅亡，繼之淸帝國，李卓吾激情的改革思想亦脫離强性的性格，屈折發展稱爲實事求是的實學卽考證學。

而在朝鮮，超越時代的許筠之熱情的社會批判及改革試圖亦是經歷大挫折而幾近消失，但後來反倒比中國更加緩和。卽相較於學派的形成，它更多是對學者及思想家個體起到隱秘的影響，從而作爲實學的先河持續至王朝末期。

李睟光(1563-1628)，作爲與許筠同時代人，撰有朝鮮最初的百科事典≪芝峯類說≫，其後就是朝鮮最傑出的實學家茶山丁若鏞(1762-1836)所處時代。其引用李卓吾≪論語·古今注≫之“文子在三君之下任政丞，至死無著綢服之妾，無飼粟之馬”。繼實學大文人燕巖朴趾源(1737-1805)後，聰慧的大文章家李建昌(1853-98)亦在其詩中贊曰，“卓越李贄之眞實及一家之言百世千秋”。如此，對於主導實學的朝鮮後期實學家而言，李卓吾之思想對其起到相當大的影響。

故十六世紀明末之李卓吾不僅是中國，在性理學版圖之朝鮮社會的改革、鬪爭及思想上，似地下水而賦予朝鮮後期思想史多姿多彩的景象。甚至李卓吾思想對十九世紀中期日本明治維新之思想家吉田松陰(1830-59)亦起到重大影響，可以說它是十六世紀以後朝鮮實學的先河，更是照明東亞思想史之燈臺乃至先驅。

성리학을 비판한 유교의 개혁자
이탁오와 조선의 실학

초판인쇄 ‖ 2017년 8월 25일
초판발행 ‖ 2017년 8월 31일

지은이 ‖ 신용철
펴낸이 ‖ 홍정수
펴낸곳 ‖ 탐구당
등록 ‖ 1950. 11. 1 서울 제03-00993호
주소 ‖ 서울특별시 용산구 한강대로62 나길 6
대표전화 ‖ 02-3785-2211
팩시밀리 ‖ 02-3785-2272
홈페이지 ‖ www.tamgudang.co.kr
전자우편 ‖ tamgudang@paran.com

값 15,000 원

ISBN 978-89-6499-035-3
978-89-6499-018-6 (세트)

「이 도서의 국립중앙도서관 출판예정도서목록(CIP)은 서지정보유통지원시스템 홈페이지(http://seoji.nl.go.kr)와 국가자료공동목록시스템(http://www.nl.go.kr/kolisnet)에서 이용하실 수 있습니다.(CIP제어번호: CIP2017021694)」